POSTER ART of the
DISNEY PARKS

ディズニーテーマパーク
ポスターコレクション

編：ウォルト・ディズニー・イマジニアリング
文：ダニー・ハンケ　デザイン：ヴァネッサ・ハント
イントロダクション：トニー・バクスター

訳：上杉隼人 / 杉山まどか

Copyright © 2013 Disney Enterprises, Inc. All rights reserved. Published by Disney Editions, an imprint of Disney Book Group. No part of this book may be reproduced or transmitted in any form or by any means, electronic or mechanical, including photocopying, recording, or by any information storage and retrieval system, without written permission from the publisher.

Artwork courtesy of the Walt Disney Imagineering Art Collection

This book's producers would like to thank Jennifer Eastwood, Nisha Panchal, Alfred Giuliani, and Warren Meislin.

The following are some of the trademarks, registered marks, and service marks owned by Disney Enterprises, Inc.: Adventureland® Area, Audio-Animatronics® Figure, Big Thunder Mountain® Railroad, California Screamin', Critter Country, Dinosaur® Attraction, Disney California Adventure® Park, Disneyland® Hotel, Disneyland® Park, Disneyland Resort® Paris, Disney's Animal Kingdom® Park, Disney's Hollywood Studios®, Epcot®, Fantasyland® Area, Frontierland® Area, Hong Kong Disneyland® Park, Imagineering, Imagineers, "it's a small world," Magic Kingdom® Park, Main Street, U.S.A.® Area, Mickey's Toontown®, monorail, Space Mountain® Attraction, Splash Mountain® Attraction, Theater in the Wild® Attraction, Tokyo Disneyland® Park, Tokyo DisneySea®, Tomorrowland® Area, Walt Disney World® Resort.

Indiana Jones™ Adventure © and Star Tours © Disney/Lucasfilm, Ltd.

A Bug's Life, Buzz Lightyear Astro Blasters characters, *Cars, Finding Nemo, Monsters, Inc.,* and *Toy Story* characters © Disney Enterprises, Inc./Pixar Animation Studios

Roger Rabbit © Disney/Amblin Entertainment, Inc.

Tarzan's Treehouse © Edgar Rice Burroughs, Inc. and Disney Enterprises, Inc. All rights reserved.
TARZAN™ Owned by EDGAR RICE BURROUGHS, INC. and used by permission.

The Twilight Zone Tower of Terror™ © Disney/CBS, Inc.
The Twilight Zone® is a registered trademark of CBS, Inc. and is used pursuant to a license from CBS, Inc.

Winnie the Pooh characters based on the "Winnie the Pooh" works by A. A. Milne and E. H. Shepard

The original sponsors of the attractions depicted are included as historical reference and are not necessarily representative of current Disney theme park sponsors.

Page 40—Image courtesy of Drew Struzan

ディズニーテーマパーク　ポスターコレクション

2013年9月20日　第1刷発行
2023年10月19日　第10刷発行
編　ウォルト・ディズニー・イマジニアリング
文　ダニー・ハンケ
デザイン　ヴァネッサ・ハント
イントロダクション　トニー・バクスター
訳者　上杉隼人／杉山まどか
装　幀・日本語版デザイン　吉野享司
発行者　森田浩章
発行所　株式会社　講談社
　　　　〒112-8001　東京都文京区音羽2-12-21
　　　　電話　編集　03-5395-3142
　　　　　　　販売　03-5395-3625
　　　　　　　業務　03-5395-3615
印刷所　大日本印刷株式会社
製本所　大口製本印刷株式会社

KODANSHA

落丁本・乱丁本は購入書店名を明記のうえ、小社業務あてにお送りください。送料小社負担にてお取り替えいたします。なお、この本についてのお問い合わせは、海外キャラクター編集あてにお願いいたします。定価はカバーに表示してあります。本書のコピー、スキャン、デジタル化等の無断複製は著作権法上での例外を除き禁じられています。本書を代行業者等の第三者に依頼してスキャンやデジタル化することはたとえ個人や家庭内の利用でも著作権法違反です。

Printed in Japan
N.D.C.723　144p　29cm
ISBN978-4-06-218499-1

Table of Contents
目 次

INTRODUCTION
イントロダクション トニー・バクスター
4

CHAPTER [1]
第1章 これから、今日という日を離れます……
6

CHAPTER [2]
第2章 メインストリートUSA
16

CHAPTER [3]
第3章 アドベンチャーランド
30

CHAPTER [4]
第4章 ニューオーリンズ・スクエアとリバティー・スクエア
48

CHAPTER [5]
第5章 フロンティアランド
52

CHAPTER [6]
第6章 ファンタジーランド
68

CHAPTER [7]
第7章 トゥモローランド
90

CHAPTER [8]
第8章 東京ディズニーシー
120

CHAPTER [9]
第9章 ディズニー・カリフォルニア・アドベンチャー
132

インタビュー・参考文献・記事
140

謝 辞
141

索 引
142

Introduction [イントロダクション]

ハイテク機器によるコミュニケーション時代が到来する前、ウォルト・ディズニーは2つの重要なことに気づいた。それは、お客様にディズニーの魔法の王国を訪れてもらうにあたり、まず期待に胸を膨らませてもらうこと、そしてそこで過ごした楽しさをほかの人たちに広めてもらうことだ。この2つの重要な目標を実現するため、ウォルトは、自分の会社の多くの部署にかかわり、開園を迎えるディズニーランドに対して、従来からの多くのディズニーファンに関心を寄せてもらおうとした。まず、ABCテレビで週に一度「ディズニーランド」を放送することにした。そのテレビ番組のオープニングのアニメーションを通じて、ディズニーランドではどんなアトラクションが楽しめるか、視聴者は開園の1年も前から明確に理解できることになった。

ディズニーテーマパークで過ごしたあと、多くの人たちは、その楽しい思い出を、写真や、手ごろな値段のイラスト入りパンフレットなどの形で、家に持ち帰った。ウォルトは、わかっていた。人びとはこうしたパンフレットによってその時の気持ちや出来事を思い出し、またパークを訪れたいと思うし、それは、パンフレットの一時的な売り上げよりも、ずっと大事なのだ。ゲスト（来園者）一人ひとりが、ガイドブックを手に、ディズニーランドを友だちに紹介してくれた。その本をディズニーランドの記念品として買った人も、また行こう、という思いをかきたてられた。そして待ちに待ったパーク再訪の日がやってくれば、一家を乗せた車は興奮ではちきれそうになった。「マッターホーンだ！」「眠れる森の美女の城よ！」「ロケット・トゥ・ザ・ムーンだ！」。ディズニーランドを代表するこうしたアトラクションは、20世紀半ばに子供時代を過ごしたアメリカの若者たちの胸に、現実の世界にあるもの以上に、より強く刻まれることになった。

ディズニーランドの入り口前の巨大な看板には、「DISNEYLAND」の大きな文字が、躍るような書体でつづられていた。その入り口に向かって、広いアスファルトの道路を、車も人もゆっくり進んだ。あまりにゆっくりしたペースで、辛抱が利かなくなった子供もいたかもしれない。でも、モノレールの各鉄柱には、ポスターが展示されていた。そこに飾られている色とりどりの各ポスターを見れば、子供たちはパークのどこでどんなアトラクションが楽しめるかわかった。ピーターパン空の旅、マッターホーン・ボブスレー、オートピア、そしてジャングルクルーズ。各アトラクションが、思わず見入ってしまう大きな絵で描かれていて、子供たちの心はたちまち、とらえられてしまった。通りすぎる車の中からそれがちょっと見えるだけで、子供たちは想像力をたくましくした。入り口に向かう最後の道に入ったとたん、パークで一体どんな楽しい冒険ができるか、「わくわく！」せずにいられなかった。

今日のディズニーランドには、正門から園内に向かう脇のスペースに、印象的なポスターがずらりと展示されている。こうしたポスターは、昔のポスター同様、今も十分に魅力的で、各アトラクションの「楽しさとスリル」を伝えている。これからどんなことが体験できるのか、わくわくさせてくれ

る。こうしたポスターを見ると、その日、パークが開園すれば、ありとあらゆる冒険が際限なく楽しめることを思い出させてくれる。

　すぐれたポスターは、遠くからその物語を訴え、一瞬でもそれを目にした者に、たちまち魔法をかける。一方、すぐれたイラストは、細部に詳細な情報を盛り込めるので、絵の中に複雑な物語を進展させることもよくある。本書に収録した多くの複製ポスターは、偉大なイラストレーションの特質を備えている。また、「ポスター」という語が示す意味を明らかにしつつ、当時の最も美しいグラフィックアートのイメージを伝えている作品もある。

　ディズニーテーマパークのポスターの中には、50年以上色あせない魅力をたたえているものがある。その魅力が色あせないのは、そうしたポスターがディズニーの名作に対する人びとの深い感情を呼び覚ますからだ。こうしたポスターが集まれば、われわれが共有する楽しかったそれぞれの瞬間を写したイメージの宴（うたげ）を味わうことができる。

　ディズニーテーマパークを訪れたずっとあとになっても、そこで聴いた音楽が頭の中で鳴り響いている。同じように、この本でご覧いただくディズニーの代表的なポスターは、読者の心をさまざまな感情で満たすことだろう。1955年に制作された「おとぎの国のカナルボート」のポスターを目にすれば、わたしは10歳の少年に戻り、クジラのモンストロに飲み込まれたあのボートは一体どこに行くのかと、思わず考えてしまう。「ピーターパン空の旅」に描かれたロンドン上空に浮かぶ船を見ると、夢の中で、妖精の粉の力を借りずに、空を自由に飛んでいる。

　本書に、ダニー・ハンケとヴァネッサ・ハントは、読者の目をどこまでも楽しませてくれるポスターを数多く収録した。ディズニーの非常に芸術性の高いポスターを堪能できるはずだ。これ以上の説明は不要だろう。ウォルト・ディズニー・イマジニアリングの『ディズニーテーマパーク ポスターコレクション』を存分にお楽しみあれ！

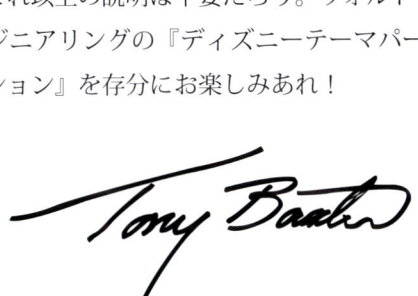

トニー・バクスター
ウォルト・ディズニー・イマジニアリング
シニア・バイス・プレジデント／クリエイティブ・ディベロップメント

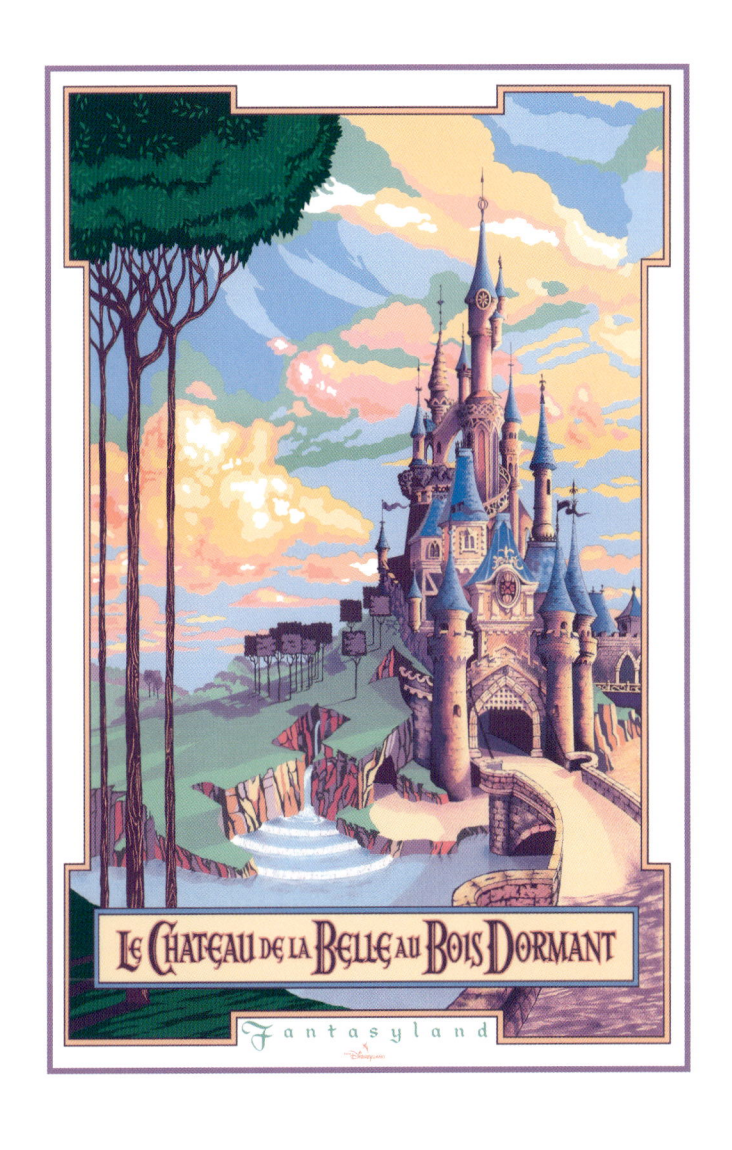

メインストリートUSA駅前に立つウォルト・ディズニー（1956）

CHAPTER 1

Here you leave today...

――― 第1章 これから、今日という日を離れます…… ―――

　みなさま、この幸福の国へようこそ。ディズニーランドはあなたの国です。ここで、古い世代は昔を懐かしく思い出し、若者たちは未来への挑戦を試み、新しい時代に向かって邁進します。ディズニーランドは、アメリカを作り上げた理想と夢、そしてその事実に対して捧げられます。このテーマパークが、全世界の人たちの喜びとひらめきの源になることを願いつつ。

――ウォルト・ディズニー

「これから、今日という日を離れて、昨日と明日の世界に、さらにはファンタジーの世界に入ります」。1955年7月17日。ウォルト・ディズニーが夢の王国を公開するのを、アメリカ全国民が見守っている。そこでは、親子が一緒に楽しめる。この革新的なテーマパークで、一体どんなことが体験できるのだろうか？

　人びとはディズニーランドの哲学はすぐに受け入れることができたが、テーマパークとは一体どんなものか、すぐに理解できなかった。ディズニーランドを作るためにウォルトが集めたイマジニアたちは、あらゆるタイプのゲストに向けて、パークにどんなアトラクションがあるのかを知らせる必要に迫られた。

　すぐれたストーリーテラーであるウォルト・ディズニーは、この夢の国をまさしく大きな映画の世界のようなものに仕立て上げようとした。入り口に集まるゲストたちは、トンネルをくぐり抜けると、たちまち映画の最初のシーン、すなわちメインストリートUSAに飛び込む。そこに貼られたポスターを見て、これからパークでどんな冒険が体験できるか、わくわくする。

「多くのポスターはカラフルで美しい。これを見れば、ディズニーランドに何があって、それを楽しむにはどこに行けばいいかわかる」とウォルト・ディズニー・イマジニアリング（WDI）で制作責任者を務めたマーティ・スクラーは言う。

　しかし、なぜポスターなのか？　なぜなら、それは移動中の人たちに語りかけることができるからだ。ポスターは一瞬で人びとの注意を引きつけて、メッセージを伝えることができる。よくできたポスターを見れば、そこに描かれた物語を一瞬ではっきりと理解することができる。絵は何千語ものメッセージを伝えることができるのだ。ディズニーランドのポスターがまさにそうだ。「ポスターがすばらしいのは、ひと目でそのアトラクションがどんなものかわかることだ。人びとはそれを見て、期待に胸を膨らませ、これからどんな思いができるのか、わくわくするんだ」とやはりWDIでデザインを担当したティム・ディレイニーは言う。「ディズニーランドのほかの多くのものと同じで、ポスターは何も言わずにたくさんのことを伝えることができる」

イマジニアは、当時の国立公園や軍隊勧誘、マジックショーや公共事業促進局、そして世界博覧会のポスターなどを参考にした。制作最終段階では、ビョルン・アロンソンがその手腕を大いに発揮した。アロンソンは旅行関連のポスターを手がけたのち、ウォルト・ディズニー・イマジニアリングの前身WEDエンタープライズに参加した。当時の旅行ポスターは大きなもので、シルクスクリーン（絹などの孔版で捺染する方法）の技法で制作され、鉄道の駅やバス停、空港などに展示された。こうした旅行ポスターは、人びとが忙しく活動する社会で、伝えたいことを瞬間的かつ容易に読み取ってもらえるものでなければならなかった。そのためには、単色をバランスよく使い、光と影を強調する必要があった。この旅行ポスターの技法を、当時のディズニーテーマパークでもそのまま活用した。この技法により、大きなポスターを、明るく、カラフルに描き上げることができたのだ。そして、これがいちばん重要だったが、人の注意を引きつけることができた。

　こうして、各アトラクションの周辺に、魅力的なポスターが貼られることになった。花壇の脇や、トンネル内部、そして各ストリートにも掲示された。「ウォルトは、ゲストには休むことなく、常に楽しんでいただこうと考えていた」とWDIのトニー・バクスターは言う。「トゥモローランドの中央広場のまんなかに、ほかのテーマランドのアトラクションのポスターを貼ったらいいかもしれない。ある家族がスペース・ステーションX-1やロケット・トゥ・ザ・ムーンから出てきて、子供たちが魅力的なポスターを目にする。よし、次はトムソーヤ島に行こう、ということになるからね」

　その後、1960年代にかけて、魅力的なポスターがたくさん制作された。ポール・ハートリーやローリー・クランプは、独自のスタイルと技術を持ち込み、ポスター制作をさらに発展させた。1960年代に作られた「魅惑のチキルーム」や「イッツ・ア・スモールワールド」「ホーンテッドマンション」のポスターはディズニーランドを代表するものとなり、その後ほかのパークでも複製が制作された。

　1950年代から1960年代前半まで、ポスターはディズニーランドのいたるところに掲示されていた。そこを訪れる者たちは、ポスターを見て心を躍らせ、それがどんなアトラクションであるか理解した。初期のポスターは、アトラクションが用意されていない場所を華やかにする役割も果たした。ポスターは、例えばディズニーランド鉄道の駅の前に展示されたり（左上）、魅惑のチキルーム前のフェンスにかけられたり（右上）、トゥモローランドの入り口の両側に並べられたり（右中央）、メインストリートUSAのペニーアーケード内の壁に飾られたりした（右下）。

アトラクションのポスターは、たいていパーク入り口あたりに展示され、ディズニーランド鉄道の駅のガード下トンネル沿いに掲示されていることが多い。これは、ウォルト・ディズニー・ワールドのマジックキングダムのトンネルの壁を飾るポスター。こうしたトンネルを毎日何万もの人たちが通過することを考えれば、ディズニーランドのアトラクション・ポスターは、世界で最も多くの人びとの目に触れる展示物と言える！

東京ディズニーランドの入り口近くには、パーク内を走る鉄道の駅がない。このため、ポスターは鉄道のガード下のトンネルではなく、ワールドバザールの入り口の煉瓦の壁に展示されている。東京ディズニーランドのワールドバザールが、ほかのパークのメインストリートUSAに相当する。

　東海岸の人たちは、当時まだディズニーランドをよく知らなかった。だから、1971年にフロリダにウォルト・ディズニー・ワールドが開園するにあたって、ポスターはその有効な宣伝媒体として活用された。このフロリダのパークには、カントリーベア・ジャンボリー、ホール・オブ・プレジデンツ、ミッキーマウス・レビューなど、ディズニーランドにないアトラクションも導入されることになった。こうしたアトラクションには当然のことながらポスターがなかったので、新たに制作する必要が生じた。フロリダでは、カリフォルニアよりも写実的なポスターが制作された。シルクスクリーンではなく、4色のリトグラフ技法によって、よりはっきりした絵が描かれることになった。

　1970年代半ば、イマジニアのジム・マイケルソン、ルディ・ロード、アーニー・プリンゾーンは、才能豊かなデザイナーを集めて、新しいポスター制作グループを立ち上げた。ここに、第2世代のポスター制作グループが誕生した。彼らは新しい印刷技術を用いて、1950年代、1960年代に制作されたポスターを再生した。「ウィンドウ・ボックス」として知られるこのデザイン技術により、各アトラクションの名場面が、装飾的な縁取りと印象的な文字で表現されることになった。初期のポスターでは限られた色しか使えなかったが、この時代は40以上の色を使えるようになり、かなり細かい描写も可能になった。

　そして、ディズニーランド、ウォルト・ディズニー・ワールド、どちらでも展示できるポスターが制作された。各ポスターの下のスペースには、どちらのパークのものかわかるように、いずれかのロゴが印刷された。この制作方法は1980年代にも続けられ、1983年の東京ディズニーランド開園にあたっても、各ポスター下の例のスペースに、そのロゴが加えられた。

　「ポスター制作は骨が折れるんだ。完成までに何人もの人がかかわることになるよ」とWDIでデザインを統括するグレッグ・ポールは言う。「こうしたポスターは、多くの人たちを喜ばせるために、みんな好きで制作しているんだ」

ディズニーランド・ホテル
ディズニーランド
ビョルン・アロンソン（1956）

ディズニーランド・ホテル（コンセプト・スケッチ）
ディズニーランド
ビョルン・アロンソン（1956）

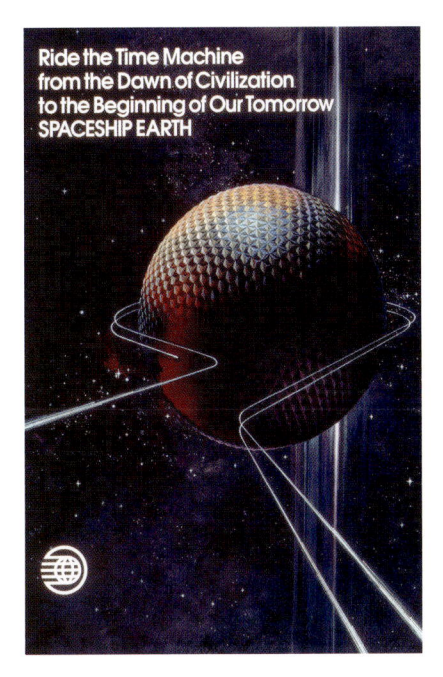

スペースシップ・アース
エプコット
ノーム・イノウエ（1980）

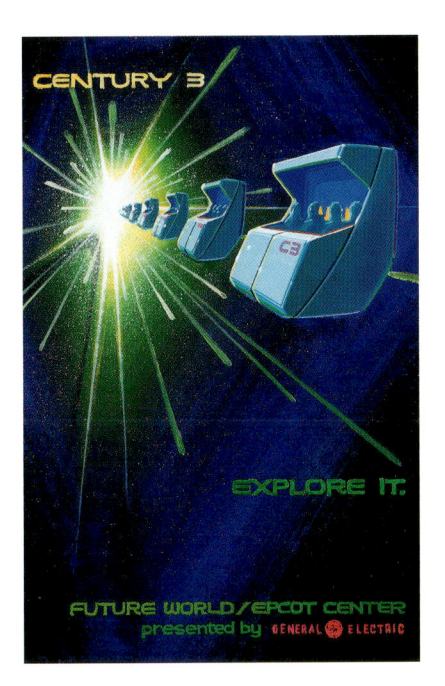

ホライズン（コンセプト・スケッチ）
エプコット
ギル・ケプラー（1980）

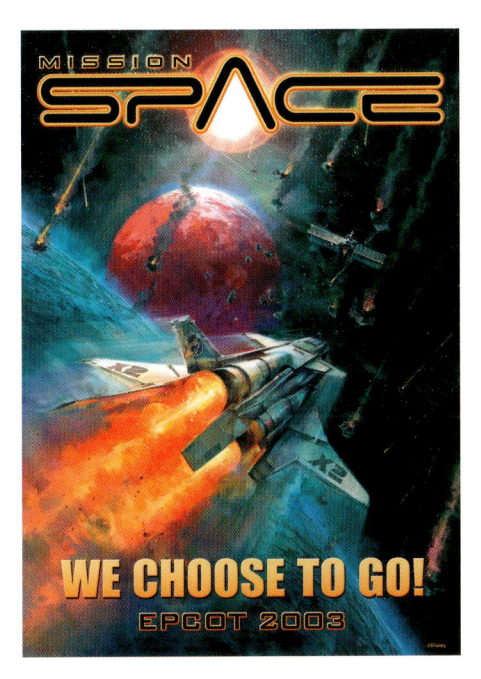

ミッション：スペース
エプコット
グレッグ・プロ（2003）

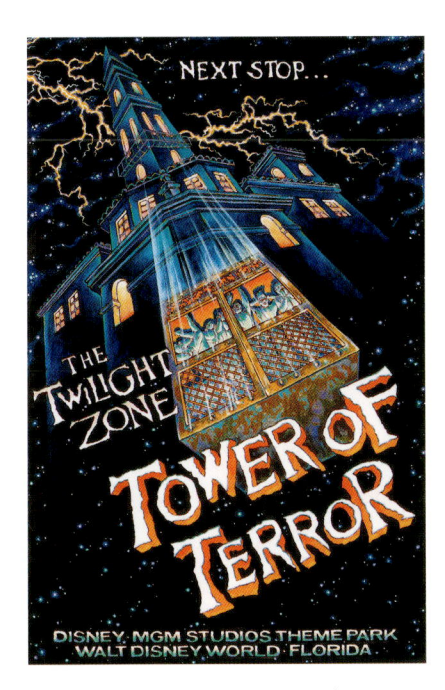

トワイライトゾーン・タワー・オブ・テラー
（コンセプト・スケッチ）
ディズニー・ハリウッド・スタジオ
デイヴィッド・デュランド（1990）

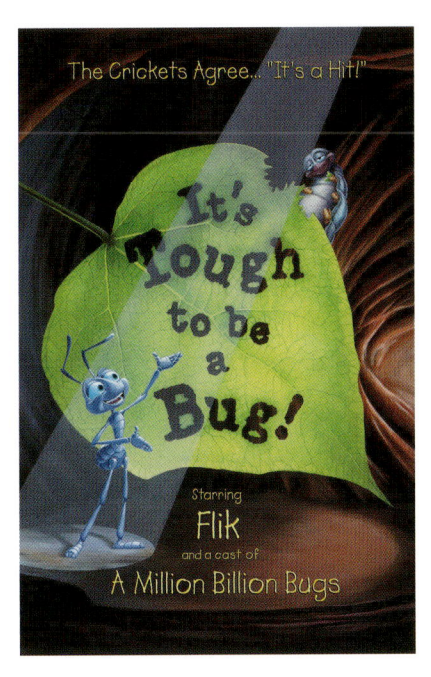

イッツ・タフ・トゥ・ビー・ア・バグ！
ディズニー・アニマルキングダム
ニコル・アーミテージ（1998）

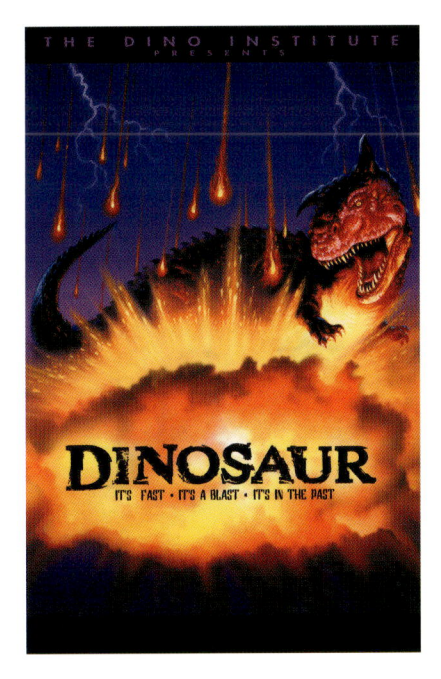

ダイナソー
ディズニー・アニマルキングダム
スコット・レンほか（2000）

11

1982年、ウォルト・ディズニー・ワールドに、エプコットがオープンした。これはそれまでのディズニーランドにないタイプのパークだった。この新しいタイプのパーク誕生にあわせて、用途や目的にあったポスター制作が進められることになった。

WDIで作品の管理を担当するマイク・ジャスコは言う。「ディズニーランドでは、みんなパーク内を移動する。汽車の駅もあるしね。空港や地下鉄内の広告、時刻表のように、みんなディズニーランドの入り口近くのトンネル内に掲示されたアトラクション・ポスターを見て、自分が何をしたいか、どこに行きたいか確認するんだ。ほかのパークの入り口にポスターを展示してもなかなかそういうわけにはいかないよ。だから、目的にあったポスターを作らないといけない」

アトラクション・ポスターの制作は、1992年ユーロ・ディズニーランド（今はディズニーランド・パリとして知られる）の開園によって、ピークを迎える。まったく新しいポスターも作られた。さらには「ピーターパン空の旅」や「イッツ・ア・スモールワールド」など、すでにあるポスターも、新たに色付けして再編された。スクリーン印刷の新技術によって、最高に複雑なデザイン（中には100色以上使うものもある）も実現可能になった。誰もが好きでやっていることであり、それによって最高傑作も生まれた。しかし、大変な経費がかかった。

「60色使ってポスターを作ると、1か月以上かかるかもしれない。そしてその人件費だけで3万ドルはかかってしまう」とグレッグ・ポールは言う。1990年代の後半になると、シルクスクリーンがますます高価になり、スクリーン印刷はもう使えない、そしてアトラクション・ポスターは積極的に作らないという判断が下された。残念だが、新しい、お金のかからない印刷技術が出てきて、ポスター制作がふたたび推進されるのを願うしかなかった。しかし、幸運なことに、デジタル化の時代がすぐそこまで来ていた。

アトラクションのポスターが、パークの外に展示されることはめったにないが、これはその珍しい例。エプコットにある「スペースシップ・アース」のポスター（左上）と、ディズニー・ハリウッド・スタジオに掲示された「スター・ツアーズ」のポスター（上）。

ディズニーランド・パリのアトラクション・ポスターには、ほかのパークには見られないすぐれた作品がたくさんある。こうした傑作の中には、ウォルト・ディズニー・イマジニアリングにとって最後となるスクリーン印刷で制作したものもある。

ポスターは、パーク内を見てまわる人びとに必要な情報を伝える上で効果的だ。東京ディズニーシー（上、右上）や香港ディズニーランド（下）のポスターは、ディズニーのアトラクションやショーを世界中のゲストに親しんでもらえるようにデザインされている。

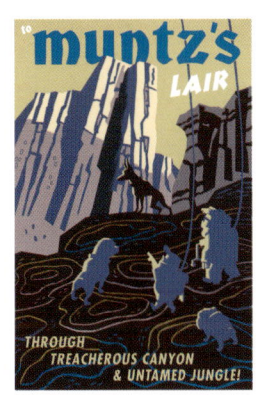

ディズニーのアトラクション・ポスターは、世界中のアーティストやファンに影響を与えている。例えばディズニー／ピクサー映画『カールじいさんの空飛ぶ家』に関連して作られた"Muntz's Lair"（[マンツの隠れ家]上・左）は、まるでアトラクション・ポスターのようだ。そして同じくディズニー／ピクサーの『モンスターズ・インク』には、ディズニーのポスターへの賛辞が随所に読み取れる。このモンスターシティの場面では、「海底2万マイル」のポスターが確認できる（上・右）。

イマジニアたちは、2001年の東京ディズニーシー開園にあわせて、ポスター制作を進めた。ポスターを通じて、ゲストたちに東京ディズニーシーならではのアトラクションに慣れ親しんでもらおうとしたのだ。

試行錯誤したのち、デジタル印刷が、スクリーン印刷に取ってかわった。これにより、複雑で鮮明なデザインが可能となり、オリジナルに近い図柄も印刷できるようになった。昔シルクスクリーンで制作されたポスターも、スキャンしてデジタル処理を施すことで、複製が作れるまでになった。

2005年、香港ディズニーランドでは、昔のポスターがデジタル化された。ディズニーランドの伝統的なデザインがコンピュータに取り込まれ、オリジナルの絵柄とその質感が見事に再現された。その上で、初めてディズニーランドを訪れる中国の人たちを意識した調整が加えられた。

デジタル印刷はデザインの可能性を広げた。そしてポスター制作が復活した。

今日、ディズニーランドのポスターは、ディズニーの貴重な財産と考えられているだけでなく、世界中のグラフィック・デザイナーや美術愛好家に大きな影響をおよぼしている。

ディズニーランドのポスターはリトグラフになったり、Tシャツにあしらわれたりしているし、多くのコレクターやディズニーファンが熱心に買い求めている。

ピクサー・アニメーション・スタジオで映画を作る人たちも、1950年代、1960年代に制作されたディズニーランドのオリジナルポスターに強い影響を受けている。自分たちの映画の宣伝用ポスター制作の際に参考にしていると明言する者もいる。

ディズニーランドのポスターはもはや印刷物として存在するだけではない。映画『モンスターズ・インク』のいくつかの場面でも確認できる。

世界に人間の想像力があるかぎり、ディズニーランドのポスターはずっと生き続けるのだ。

The Imagineering Guide to Screen Printing
ウォルト・ディズニー・イマジニアリングによるスクリーン印刷ガイド

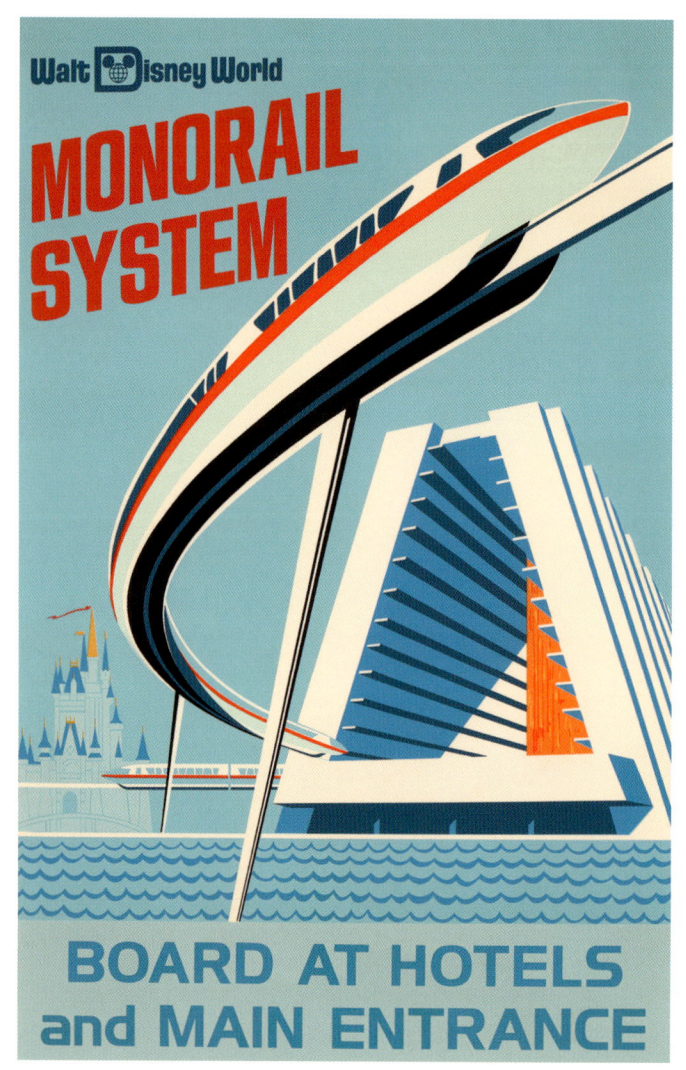

ウォルト・ディズニー・ワールド・モノレール・システム
ウォルト・ディズニー・ワールド　作者不詳（1978）

　スクリーン印刷、またはシルクスクリーン捺染法は、図案やデザインをあらゆるものに刷り上げることができる。デジタル印刷が普及するまで、これはほかの印刷技術よりあらゆる点ですぐれていた。大きさだけでなく、厚さや素材も問わず、さまざまなものに印刷できた。色も限りなく使えるから、思いどおりの図柄を、何度も刷り上げることができた。

　スクリーン印刷では、インクや塗料を、スキージ（ゴム板）を使って、細かい網目状のメッシュ・スクリーン版の上でしごいてのばして印刷する。その際、印刷したい部分以外は、網目からインクや塗料が押し出されないようにスクリーンを覆って製版すれば、しかるべき場所に色を付けられるようになる。この製版の技術を使いこなすことで、あらゆる図柄を自在に印刷できる。もっともシンプルなのはステンシルだ。印刷したいデザインを切り抜いた型紙を、メッシュ・スクリーンの裏側に貼って製版する。より広く用いられているのは、紫外線硬化型の感光乳剤をスクリーンに塗布する方法だ。この方法によって、細かい描写が実現できるだけでなく、乳剤が長持ちするので、比較的大量の印刷が可能となる。

　１枚のメッシュ・スクリーン版で、普通は１色しか印刷できないから、多色印刷をするには、スクリーン版をいくつも重ねあわせなければならない。当然、手間もコストもかかる。

　ディズニーランドのポスターは、当初36×54インチのサイズで刷られていた。しかし、ウォルト・ディズニー・ワールドや東京ディズニーランド、そしてディズニーランド・パリでは、費用を節約するために、30×45インチの大きさのポスターが制作されることになった。

　ここでは、ウォルト・ディズニー・ワールド・モノレール・システムの８色刷りのポスター制作過程を見てみよう。

第1版目：スカイブルー

第2版目：シーフォームグリーン

第3版目：オレンジ

第4版目：ロイヤルブルー

第5版目：ネイビーブルー

第6版目：イエロー

第7版目：ブラック

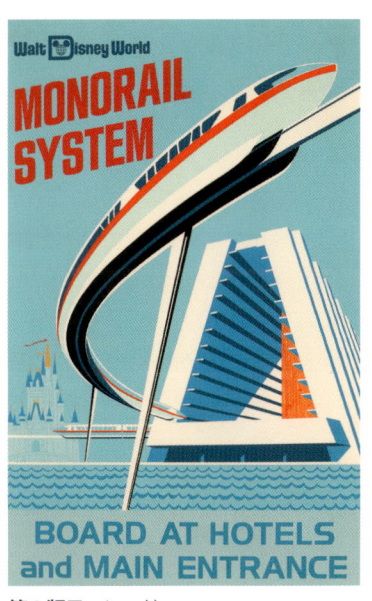

第8版目：レッド

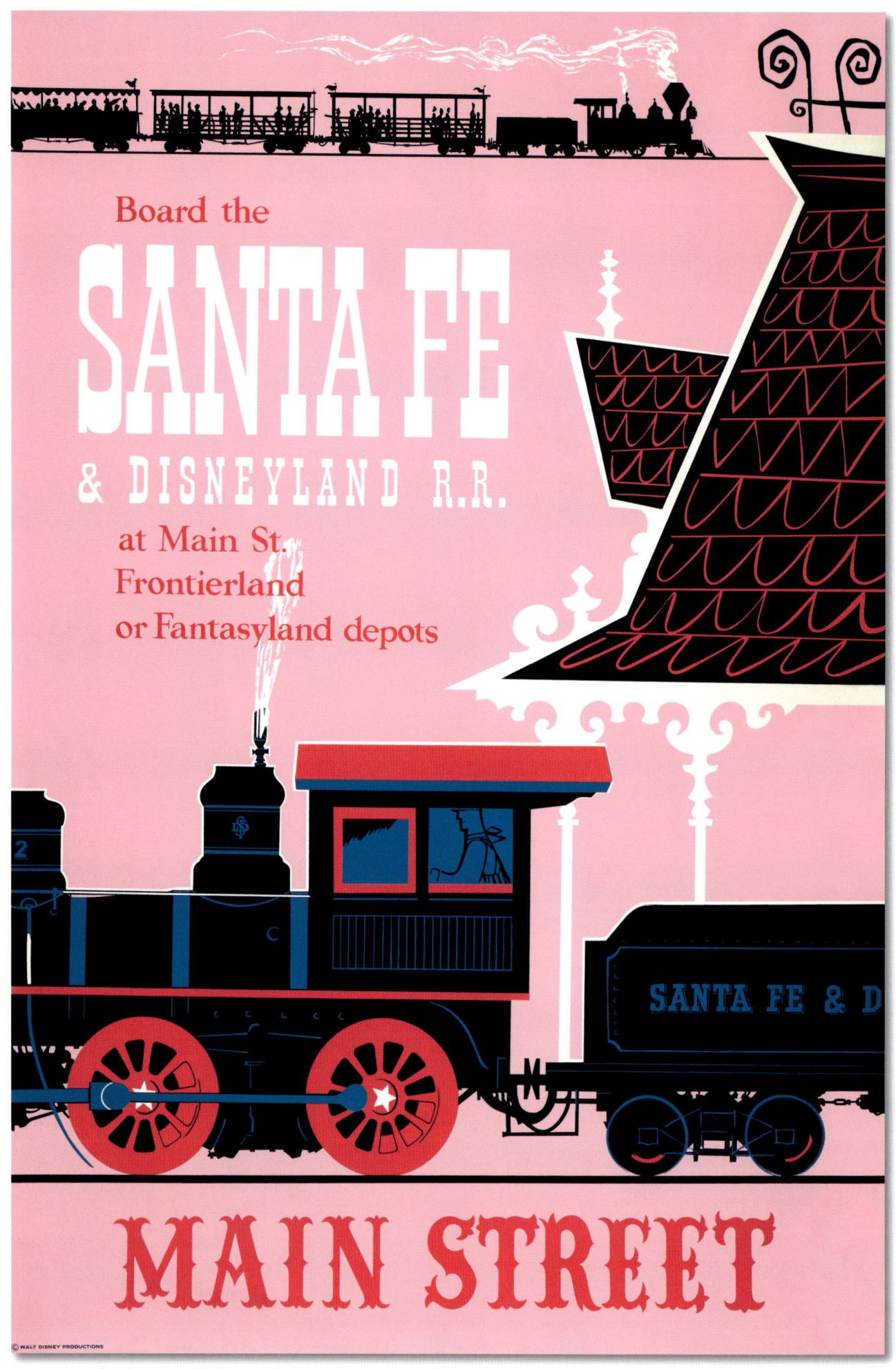

サンタフェ&ディズニーランド鉄道　ディズニーランド、ウォルト・ディズニー・ワールド　ビョルン・アロンソン（1955）

CHAPTER 2

MAIN STREET, U.S.A.

———— 第2章　メインストリートUSA ————

　メインストリートUSAは、19世紀から20世紀に変わろうとしているアメリカを再現している。そこはまさに時代の交差点だ。ガス灯と電灯が並んで立っている。馬車の隣を自動車が走っている。メインストリートUSAは、みんなの故郷だ。アメリカの心をつなぐ。

——ウォルト・ディズニー

　まず、メインストリートUSAのアトラクション・ポスターから見ていこう。ここに展示されたポスターを見ていると、ウォルト・ディズニーが愛したあの時代、あの場所に行くことができる。ウォルトはミズーリ州マーセリーンで少年期を過ごした。ディズニーランドには、この街に対する彼の思いがあふれている。そしてメインストリートUSAのポスターにも、ウォルトゆかりの20世紀初頭のマーセリーンの街を思わせる簡素で魅力的なものが多く描かれている。

　1955年、ディズニーランドに汽車が走った。ビョルン・アロンソンの「サンタフェ＆ディズニーランド鉄道」は、その時代にディズニーランドを走る汽車の様子を色鮮やかに描いている。また、1976年には、ジム・マイケルソンほかが、「ディズニーランド鉄道 アメリカ建国200周年記念号」を制作した。汽車がまさに風に乗って飛び出してくるようなこのポスターは、たちまちゲストたちの注目を集めた。

　「メインストリート・オペラハウス」などのポスターは、昔と今では趣が異なる。昔のポスターは文字中心だった。1965年に制作された「リンカーン大統領とともに」は、かなりシンプルで、どこかかたい感じがする。2009年、ウォーレン・ウィルソンにより、このポスターは「ディズニーランド・ストーリー／リンカーン大統領とともに」として生まれ変わった。これは1964年のニューヨークの世界博覧会に発表された同名のショーを記念するものである。このショーでは、ディズニーが開発したロボット技術「オーディオ・アニマトロニクス」による音声が用いられ、ロイヤル・ダノによるエイブラハム・リンカーンの声と、ポール・フリーズのナレーションが楽しめた（このショーは、今はアトラクションとして存続している）。ウィルソンが制作したポスターは、ニール・ボイルの当時のイラストをあしらい、見事な仕上がりだ。

　ディズニーランド・パリの開園にあたり、関係者はアメリカのディズニーランドに負けないポスターを作り出そうとし、アメリカのイラストレーターとその作品を熱心に研究した。例えば、チャールズ・ダナ・ギブソンの「ギブソン・ガール」の印象的なイラストなどが、その研究対象となった。このアメリカのイラストレーターの影響は明らかで、1991年に制作された「ギブソン・ガール・アイスクリームパーラー」にも、その作風が強く感じられる。「メインストリート・リムジン」(1992年)には、アメリカのデザイナー、エドワード・ペンフィールドの作風がうかがえる。さらに、アメリカの有名な「スポルディングズ・オフィシャル・ベースボール・ガイド」のデザインが、「ケーシーズ・コーナー」(1991年) にほぼそのまま使われている。

　香港ディズニーランドも、メインストリートUSAのポスターを作り上げるにあたって、アメリカらしさを表現しようとした。2007年の「アニメーション・アカデミー」では、ミッキーマウスに例のアンクル・サムの入隊を呼びかけるポーズを取らせている。「プラザ・イン」（2005年）を制作したニコル・アーミテージは、1890年代から1920年代の婦人服に関する本をたくさん所有しているが、常に「ギブソン・ガール」を参考にしているという。

　東京ディズニーランドの「ワールドバザール」も、同じような考え方で作られたと言える。このポスターは1983年にルディ・ロードとグレッグ・ポールによって制作されたが、2002年に改作されている。改作にあたって、グランドエンポーリアムの建物に、ミッキーマウスの顔に見える付属物が描かれることになった。メインストリートの豪奢なガラスのアーケードは、新旧両バージョンに描かれている。

　メインストリートUSAのポスターは、世界中のパークにおいて、いつの時代もウォルト・ディズニーが愛したアメリカの街マーセリーンを象徴するものとなっている。

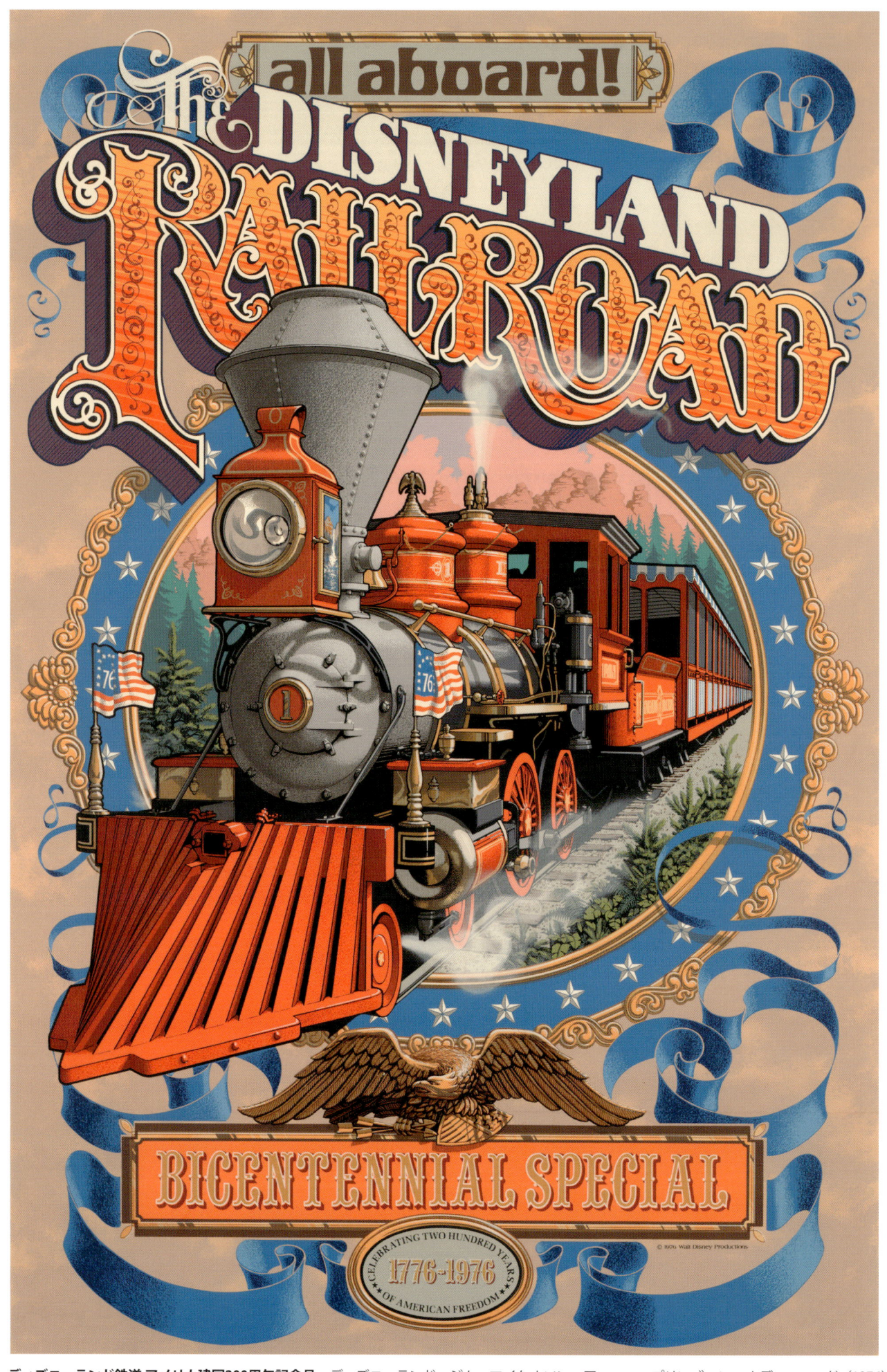

ディズニーランド鉄道 アメリカ建国200周年記念号　ディズニーランド　ジム・マイケルソン、アーニー・プリンゾーン、ルディ・ロード（1976）

ディズニーランド鉄道　ディズニーランド　ジム・マイケルソン、アーニー・プリンゾーン、ルディ・ロード（1977）

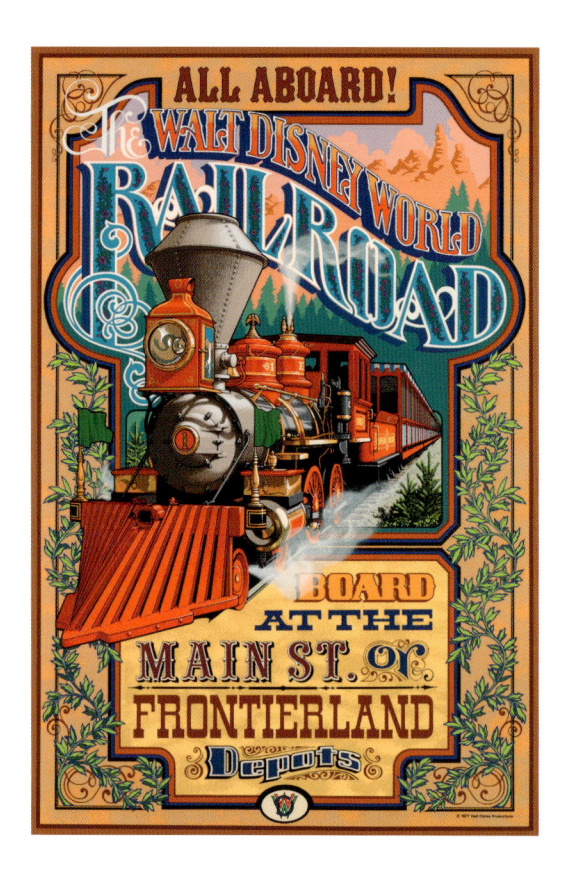

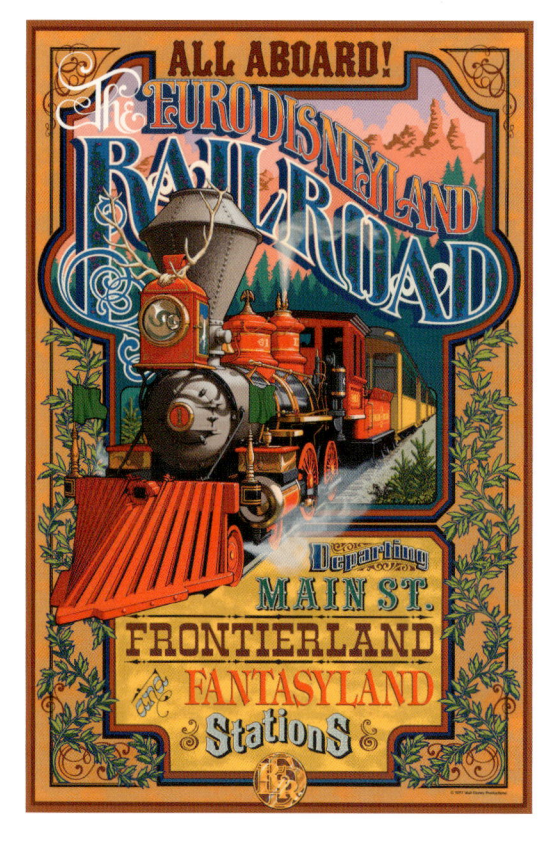

香港ディズニーランド鉄道
香港ディズニーランド
ウェイン・クラーク 改作（2005）

上：**ウォルト・ディズニー・ワールド鉄道**
ウォルト・ディズニー・ワールド
ジム・マイケルソン、アーニー・プリンゾーン、ルディ・ロード（1977）

下：**ディズニーランド鉄道**
ディズニーランド・パリ
ジム・マイケルソン、アーニー・プリンゾーン、ルディ・ロード（1991）

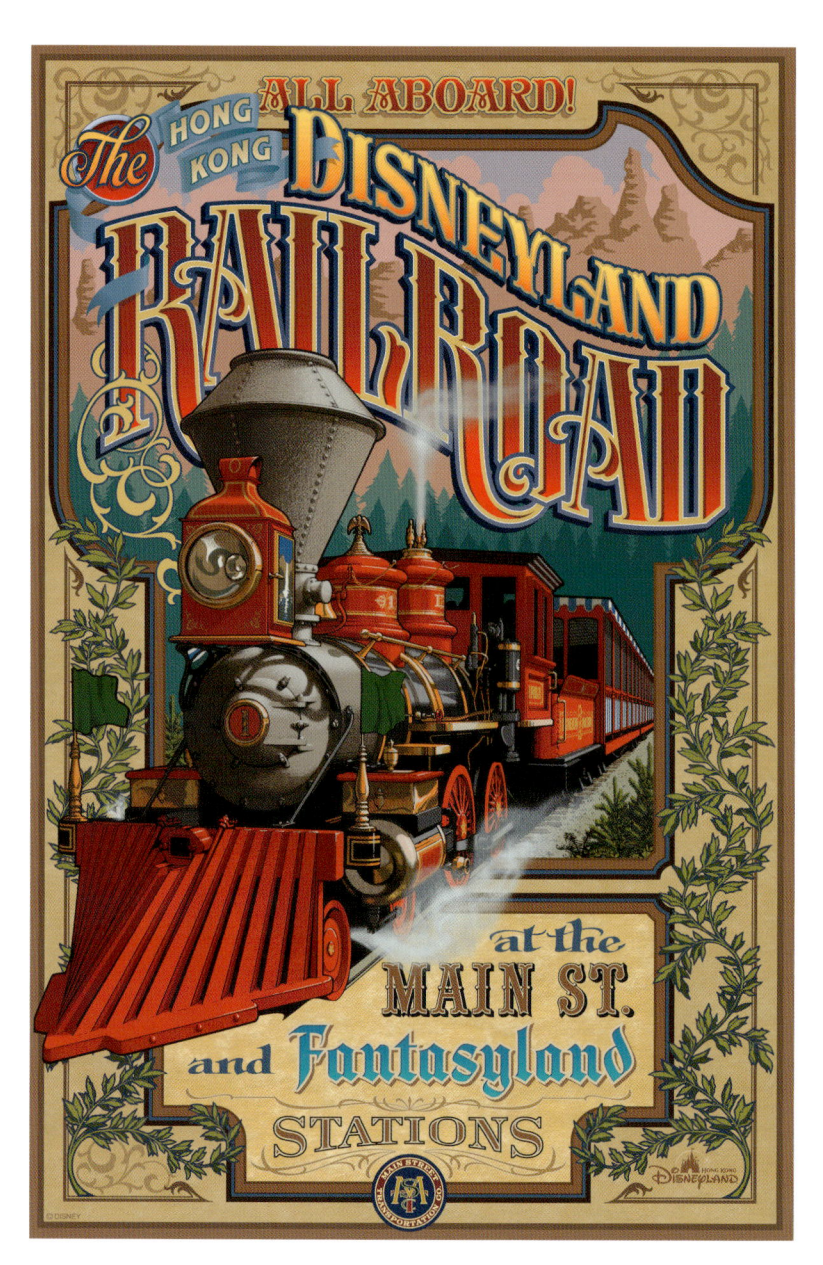

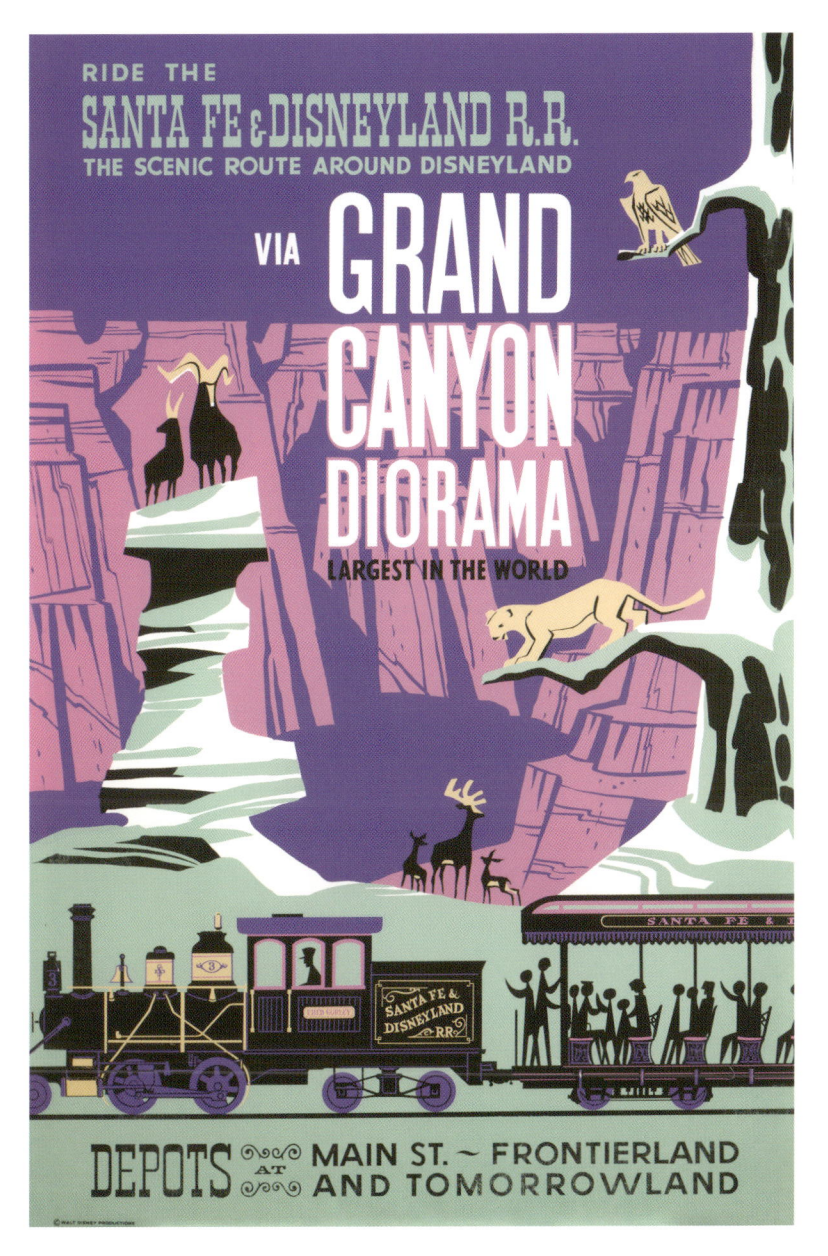

グランドキャニオン・ジオラマ
ディズニーランド
ポール・ハートリー（1958）

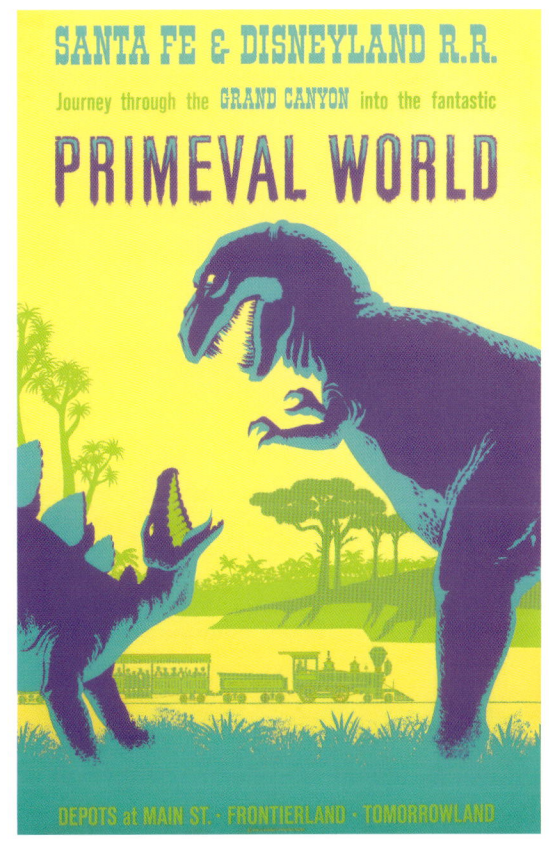

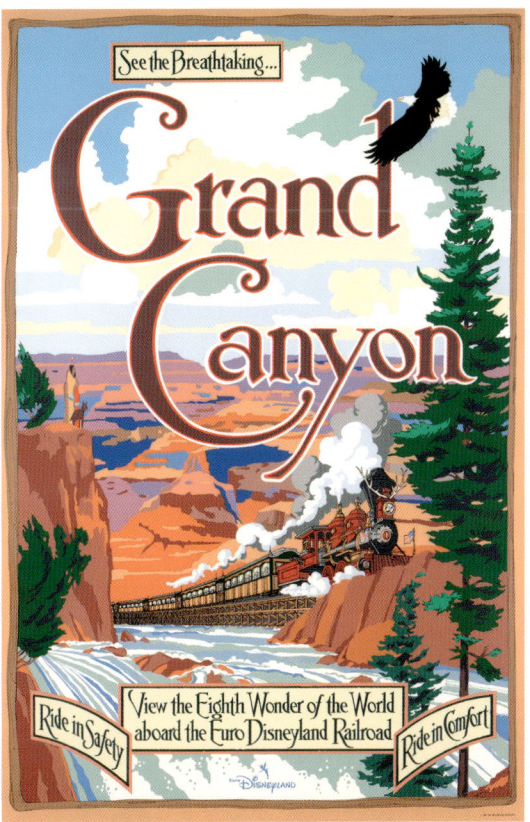

上：**太古の世界**
ディズニーランド
クロード・コーツ（1966）

下：**グランドキャニオン・ジオラマ**
ディズニーランド・パリ
エディ・ソット、ピーター・ポロンビ、トム・ヨーク（1991）

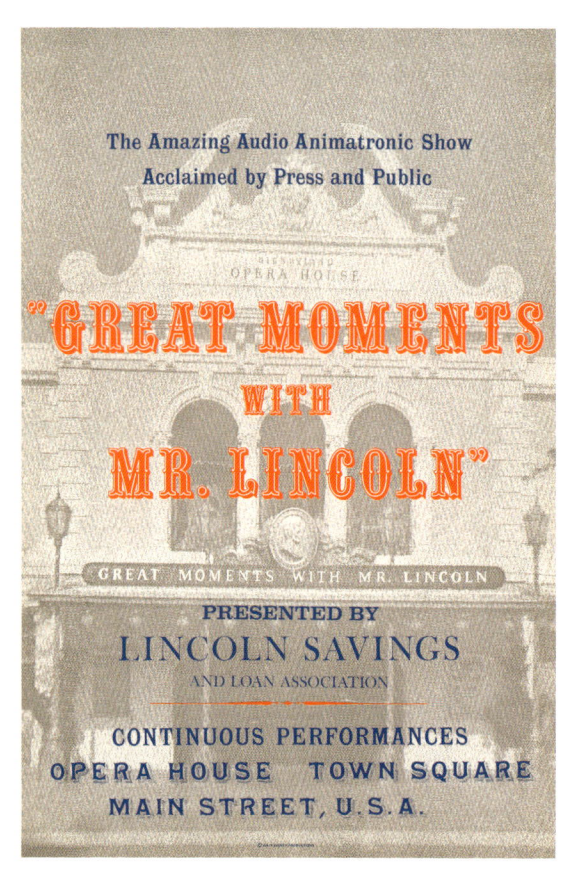

リンカーン大統領とともに
ディズニーランド
作者不詳（1965）

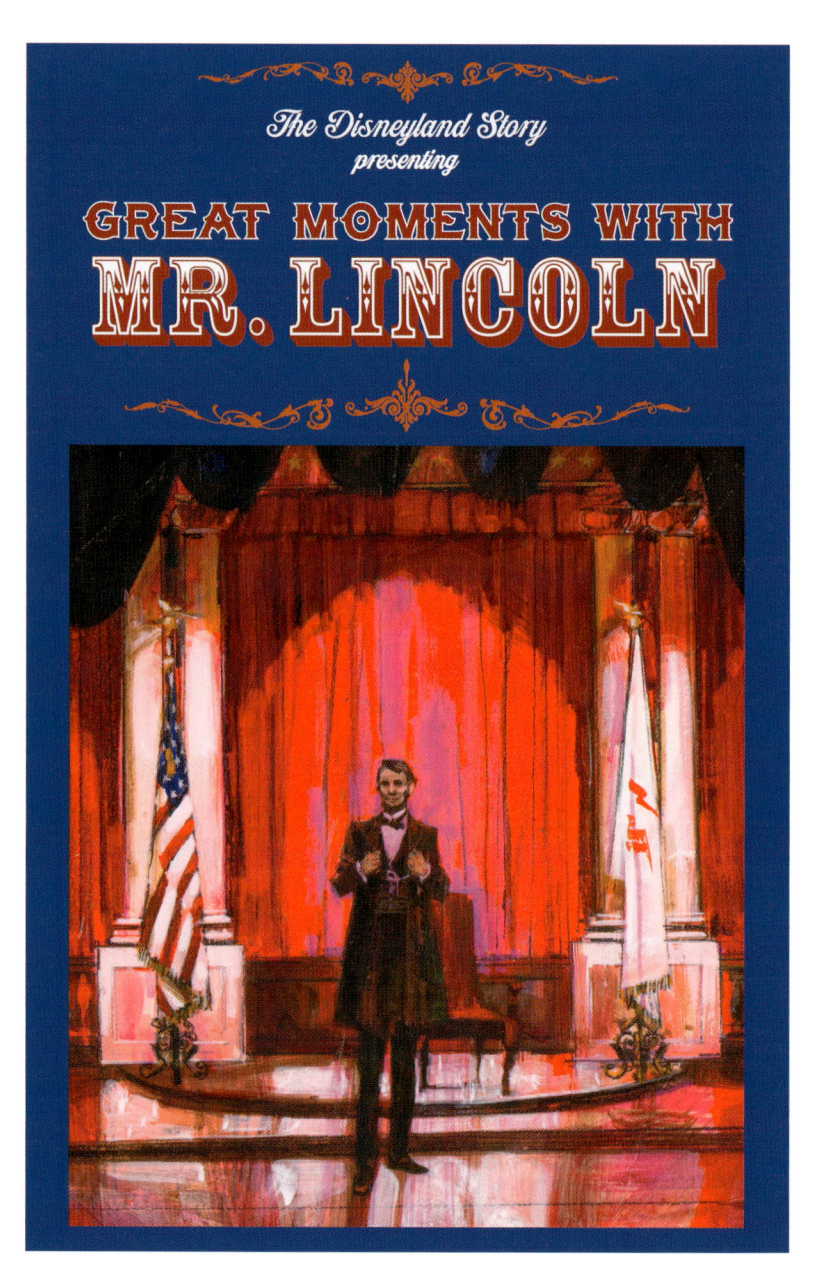

ディズニーランド・ストーリー／リンカーン大統領とともに
ディズニーランド
ニール・ボイル（1964）　ウォーレン・ウィルソン 改作（2009）

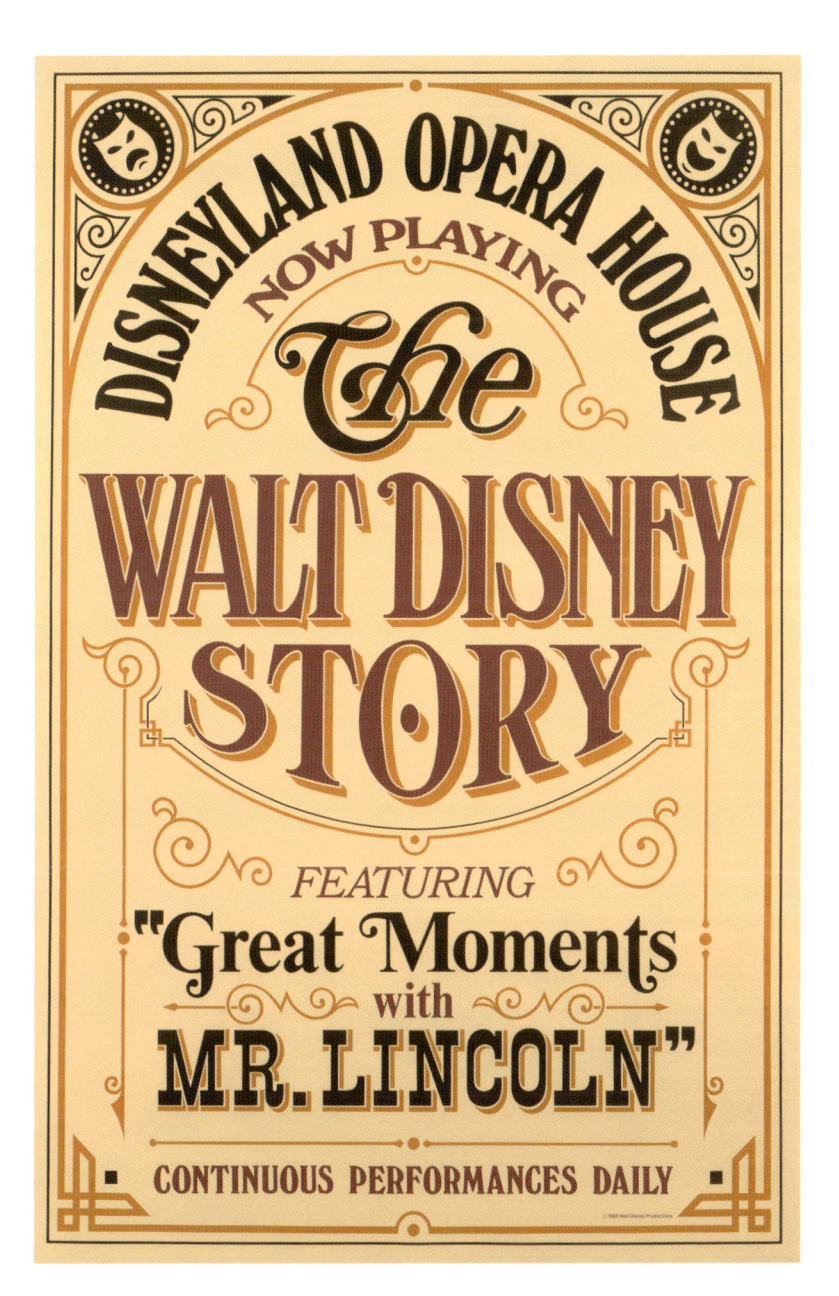

ウォルト・ディズニー・ストーリー／リンカーン大統領とともに
ディズニーランド
ボブ・マクドネル（1983）

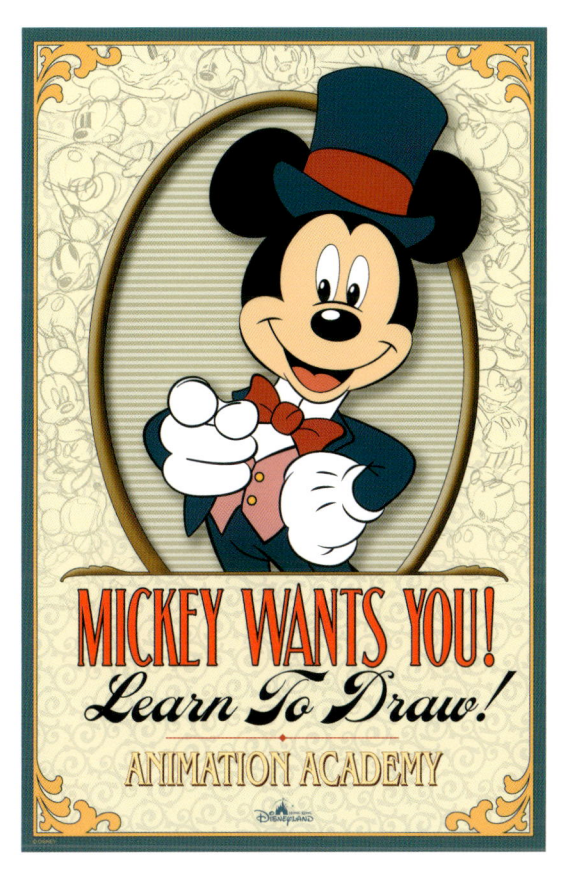

アニメーション・アカデミー
香港ディズニーランド
ルイス・ルモイン（2007）

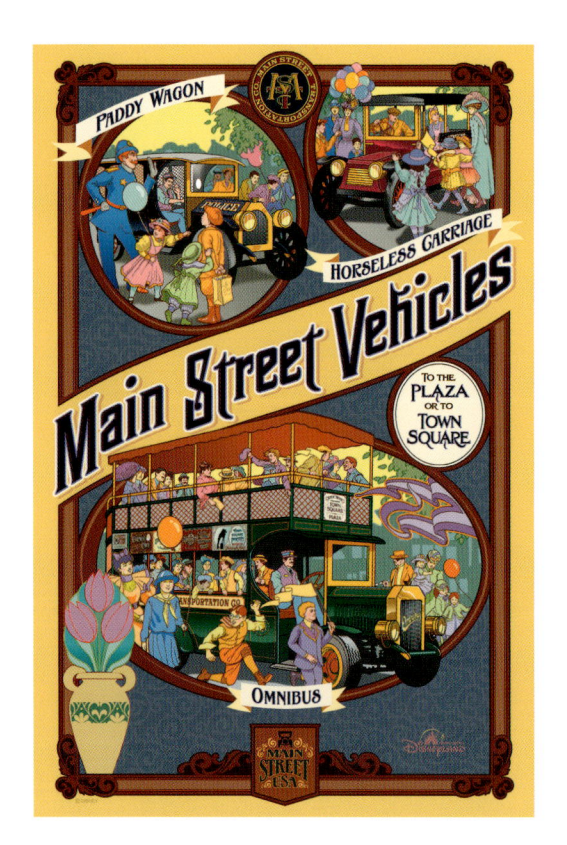

メインストリート・リムジン
ディズニーランド・パリ
ジョン・ハル、エディ・ソット、ルイス・ルモイン（1992）

上：**メインストリート・リムジン（コンセプト・スケッチ）**
ディズニーランド・パリ
ジョン・ハル（1992）

下：**メインストリート・ビークル**
香港ディズニーランド
ルイス・ルモインほか（2005）

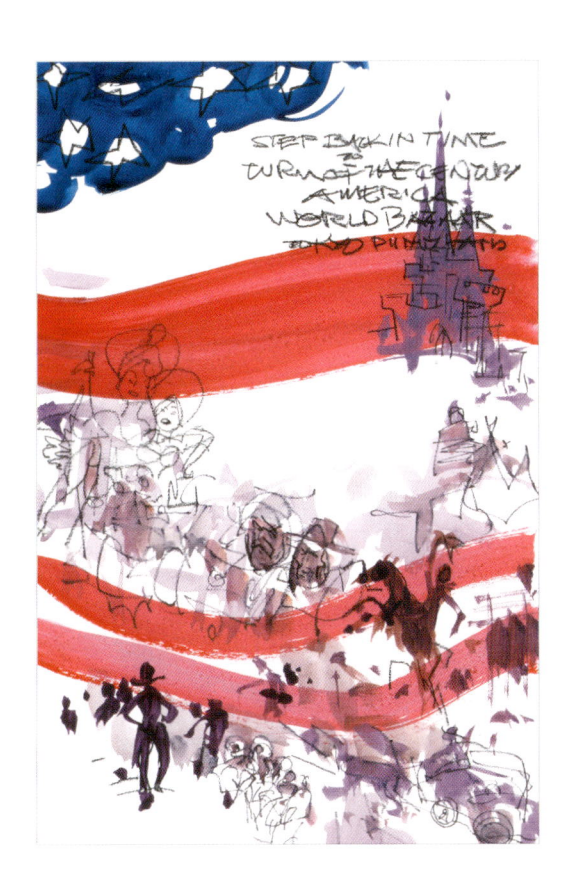

ワールドバザール
東京ディズニーランド
ルディ・ロード、グレッグ・ポール（1983）　ウィル・アイアーマン 改作（2002）

ワールドバザール（コンセプト・スケッチ）
東京ディズニーランド
ハーブ・ライマン（1983）

レッド・ワゴン・イン、パビリオン（コンセプト・スケッチ）
ディズニーランド
サム・マッキム（1955）

リフレッシュメントコーナー、キャンディ・パレス
（コンセプト・スケッチ）
ディズニーランド
サム・マッキム（1955）

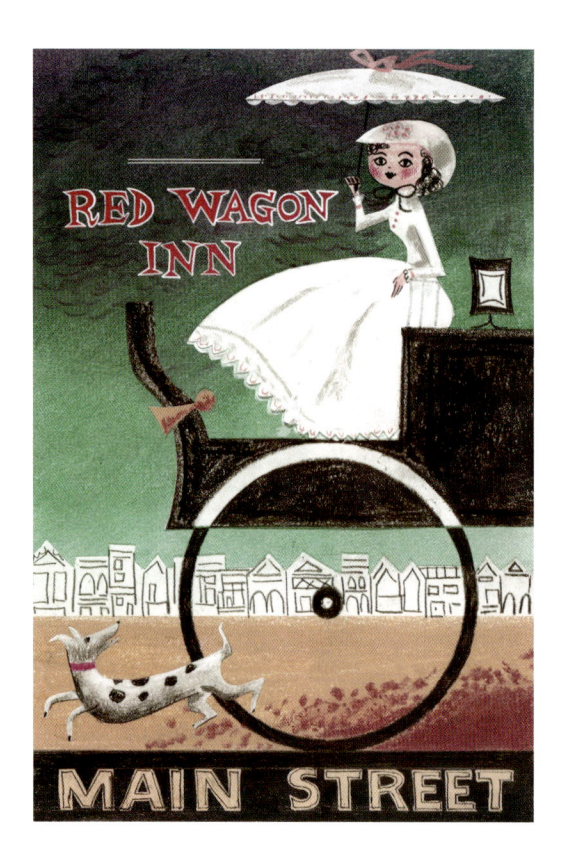

レッド・ワゴン・イン（コンセプト・スケッチ）
ディズニーランド
作者不詳（1953）

キャンディ・パレス（コンセプト・スケッチ）
ディズニーランド
ビョルン・アロンソン（1953）

レッド・ワゴン・イン　ディズニーランド　ビョルン・アロンソン（1955）

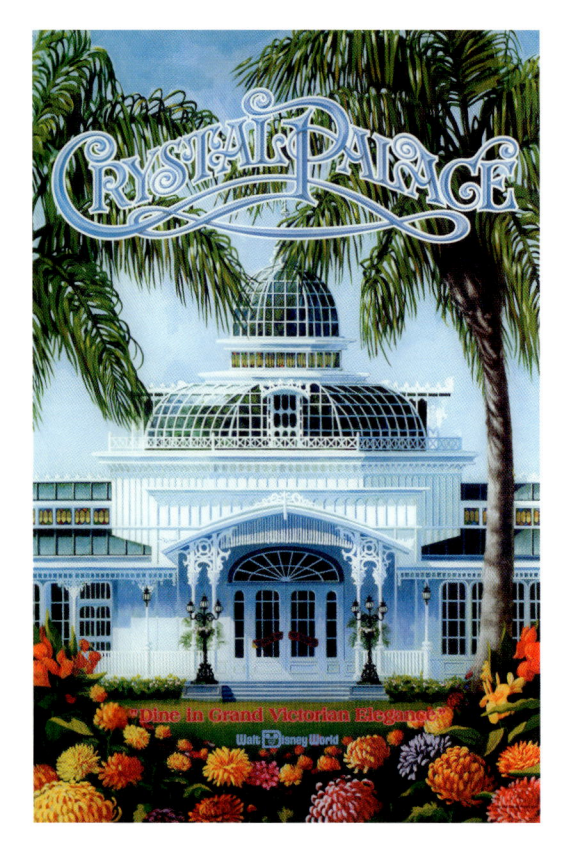

上：**クリスタルパレス**
ウォルト・ディズニー・ワールド
ジョージ・ジェンセン 改作（1971）

下：**クリスタルパレス**
ウォルト・ディズニー・ワールド
ジュリー・スヴェンセン（1980）

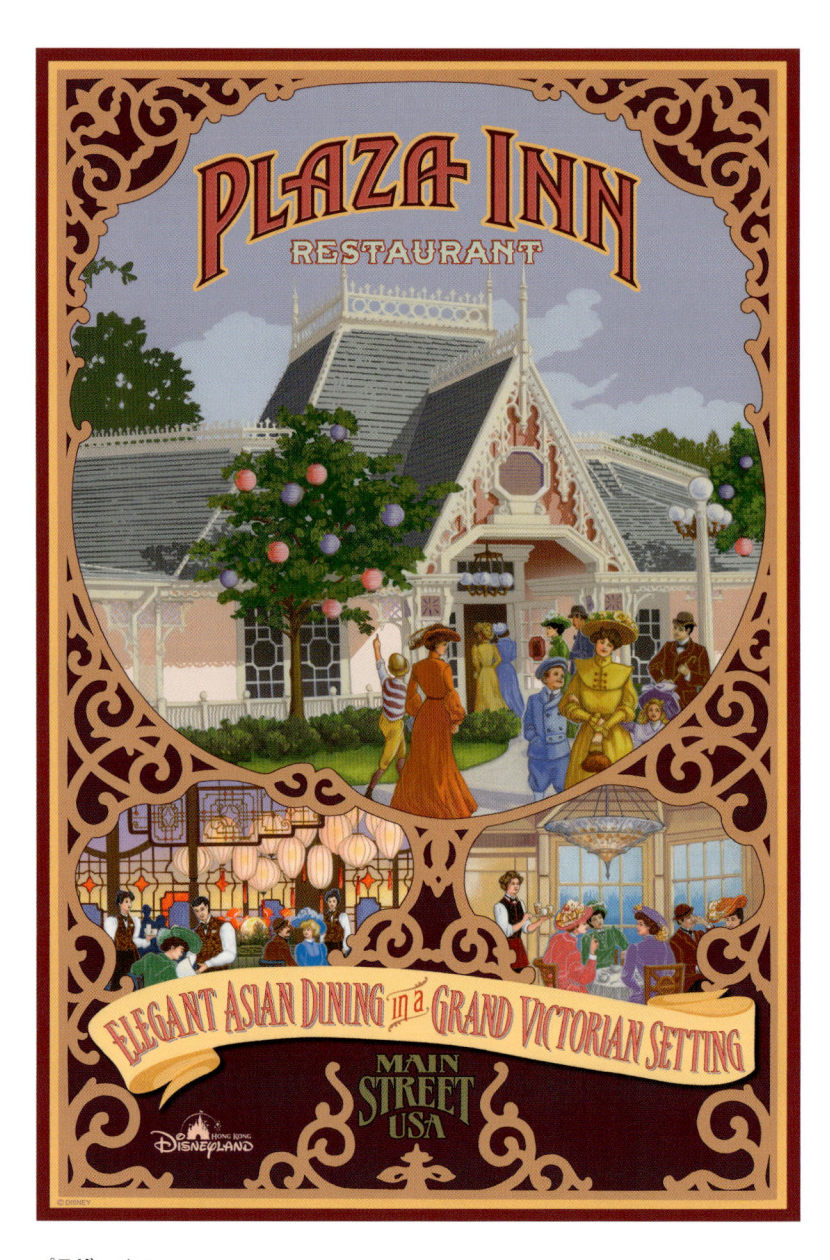

プラザ・イン
香港ディズニーランド
ニコル・アーミテージ、カレン・アーミテージ、ルイス・ルモイン（2005）

ギブソン・ガール・アイスクリームパーラー
ディズニーランド・パリ
ジム・マイケルソン、エディ・ソット、スザンヌ・ラティガン（1991）

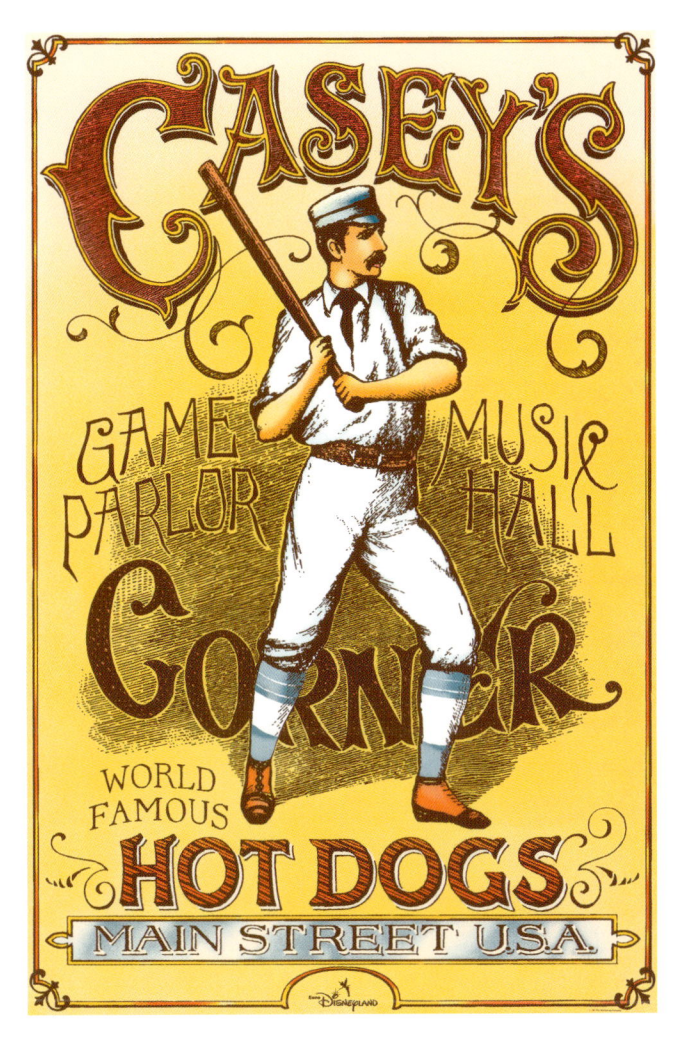

ケーシーズ・コーナー
ディズニーランド・パリ
ジム・マイケルソン、エディ・ソット、ハン・リー（1991）

「このギブソン・ガールのポスターでは、チャールズ・ダナ・ギブソンが描いた遊び心を表現したかった。ウエイトレスの背景には2人の男性がいる。空になったグラスを前にして、にらみあい、『出ていけよ！』『お前こそ！』と言わんばかりだ。面白いのは、彼らがウエイトレスの気を引こうとしているのに、彼女が無関心なことだ。それがこのポスターに込めた物語で、チャールズが描いた自立した女性、ギブソン・ガールから大いにヒントを得ている」
——**エディ・ソット**（ショー・プロデューサー）

ジャングルクルーズ　ディズニーランド、ウォルト・ディズニー・ワールド　ビョルン・アロンソン（1955）

CHAPTER 3
ADVENTURELAND

——— 第3章 アドベンチャーランド ———

旅、ロマンス、ミステリー。熱帯の河が知られざる国に流れ込む。見たこともない花が、あちこちに咲いている。ジャングルから奇妙な音が聞こえる。決して目を閉じてはいけない。何が起こるかわからないから、絶えず周りに注意せよ。われわれはアドベンチャーランドに入ったのだ。

——ウォルト・ディズニー

アドベンチャーランドへ、ようこそ。ここでゲストのみなさんは、都会を離れ、アフリカ、アジア、南米のジャングル、あるいは南太平洋やカリブ海の奥地に冒険の旅に出ることになる。アドベンチャーランドのポスターの多くは、こうした冒険を象徴して、際立つ色と、大胆なデザインで描かれている。

ディズニーランド開園にあたり、呼び物の1つとして、ジャングルクルーズのアトラクションが導入された。これは、ウォルト・ディズニーの実写映画シリーズ『トゥルー・ライフ・アドベンチャー』を題材に作られたアトラクションだ。ビョルン・アロンソンがディズニーランド開園の1955年に制作したポスターには、ジャングルクルーズの当初のコンセプトがうかがえる。そこには、危険いっぱいのジャングルの河を突き進むボートが描かれている。数年後、マーク・デイヴィスは、このジャングルクルーズを題材に、かなりユーモラスなポスターを作り上げた。また、1976年には、ジム・マイケルソンがこのアトラクションをかなり凝ったデザインのポスターに仕立て上げた。それは70以上の色を使った、非常に複雑なデザインによるものだった。

1960年代、ディズニーランドに、スイスファミリー・ツリーハウスと魅惑のチキルームがお目見えすることになった。ポール・ハートリーは、この2つのアトラクションの導入に際し、グラフィックデザインによる見事なポスターを制作した。その後、スイスファミリー・ツリーハウスと魅惑のチキルームは、フロリダのウォルト・ディズニー・ワールドと、東京ディズニーランドにも導入された。そしてどちらにも同じ図柄のポスターが展示されることになった。

ディズニーランド開園40周年の1995年、インディ・ジョーンズ・アドベンチャーが、アドベンチャーランドに導入された。アトラクションのオープンにあたって、映画『インディ・ジョーンズ』の製作者ジョージ・ルーカス監督は、ドリュー・ストゥルーザンに、このアトラクションのポスター制作を依頼した（ストゥルーザンは、『スター・ウォーズ』や『インディ・ジョーンズ』の映画のポスターも手がけている）。

アドベンチャーランドでは、人気のアトラクション、カリブの海賊が楽しめる。このアトラクションを扱ったポスターも、世界各地のディズニーテーマパークで制作されている。ポスターには、伝説のスペインのガリオン船に乗り、宝を求めて旅するあの海賊の一味が描かれている。もちろん、例の肉感的な赤毛の女性も！

世界各地のディズニーテーマパークにおいて、各アトラクションが違うテーマランドに設置されることもある。例えば、東京ディズニーランドでは、蒸気機関車がアドベンチャーランドのジャングルクルーズの入り口の上を走っている。また、クリスタルパレス・レストランは東京ディズニーランドではアドベンチャーランドにあるが、ウォルト・ディズニー・ワールドではメインストリートUSAにある。

ディズニーランド・パリでは、ジャングルクルーズのアトラクションは楽しめない。代わりに、それによく似たアドベンチャー・アイルが用意されている。ディズニーランド・パリでは、このアドベンチャー・アイルのポスターが制作され、展示されている。

香港ディズニーランドには、フロンティアランドがないこともあって、アドベンチャーランドが非常に広い。この香港のアドベンチャーランドにある「ジャングル・リバー・クルーズ」のポスターでは、ヒンドゥー教の神ガネーシャの像が象徴的な存在感を示している。

このように、世界各国のディズニーテーマパークでは、独自の魅力的なアドベンチャーランド関連のポスターが展示されている。

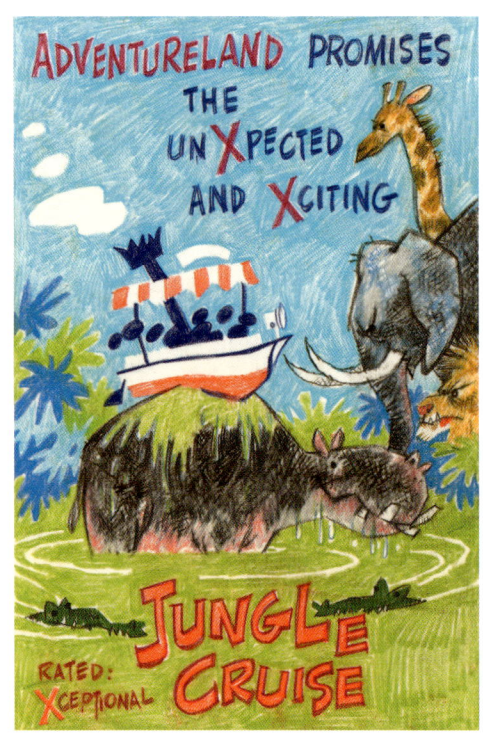

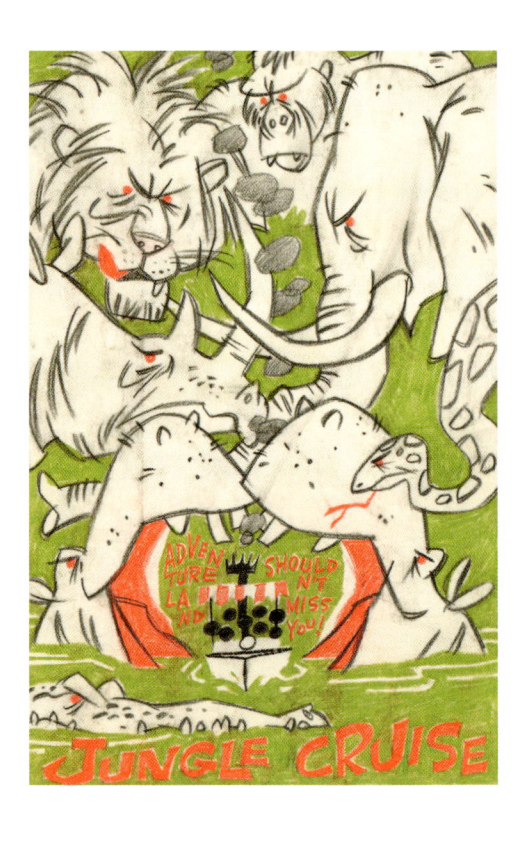

ジャングルクルーズ（コンセプト・スケッチ）
ウォルト・ディズニー・ワールド
サム・マッキム（1971）

32

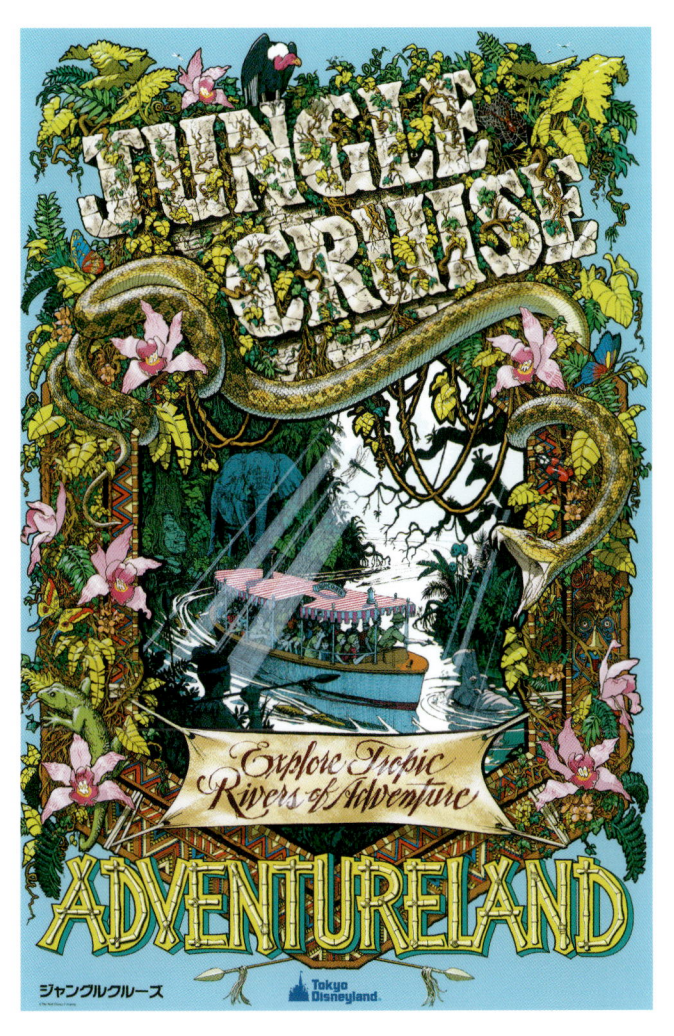

ジャングルクルーズ
ディズニーランド、ウォルト・ディズニー・ワールド、東京ディズニーランド
ジム・マイケルソン、アーニー・プリンゾーン、ルディ・ロード（1976）

ジャングル・リバー・クルーズ
香港ディズニーランド、ディズニーランド
ティム・ディレイニー、スコット・レン（2005）

スイスファミリー・ツリーハウス　ディズニーランド、ウォルト・ディズニー・ワールド　ポール・ハートリー（1962）

スイスファミリー・ツリーハウス
東京ディズニーランド
ジョージ・ストークス、ミミ・シーアン 改作（1982）

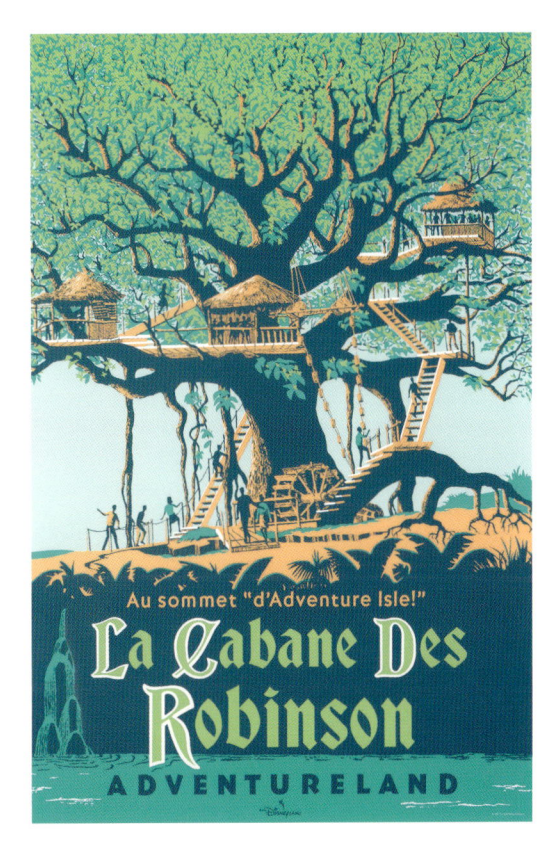

スイスファミリー・ツリーハウス
ディズニーランド・パリ
ジョージ・ストークス、ミミ・シーアン、
クリス・ティーツ 改作（1992）

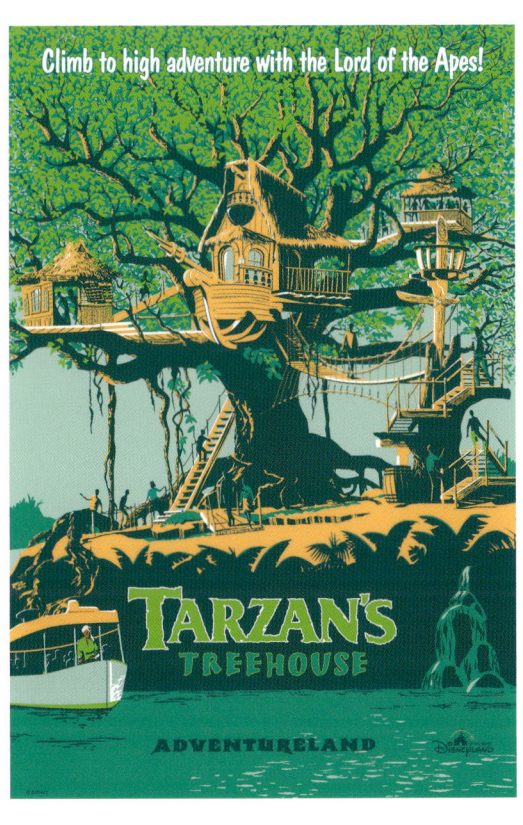

ターザン・ツリーハウス
香港ディズニーランド
グレッグ・マレティック 改作（2005）

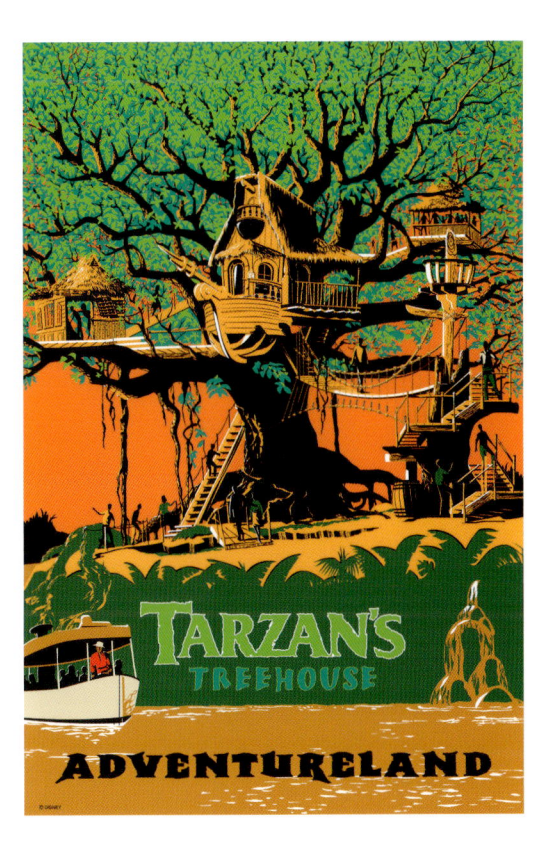

ターザン・ツリーハウス
ディズニーランド
ジョシュ・シプレイ 改作（2008）

魅惑のチキルーム　ディズニーランド　ポール・ハートリー（1963）

トロピカル・セレナーデ　ウォルト・ディズニー・ワールド、ディズニーランド　ポール・ハートリー（1971）

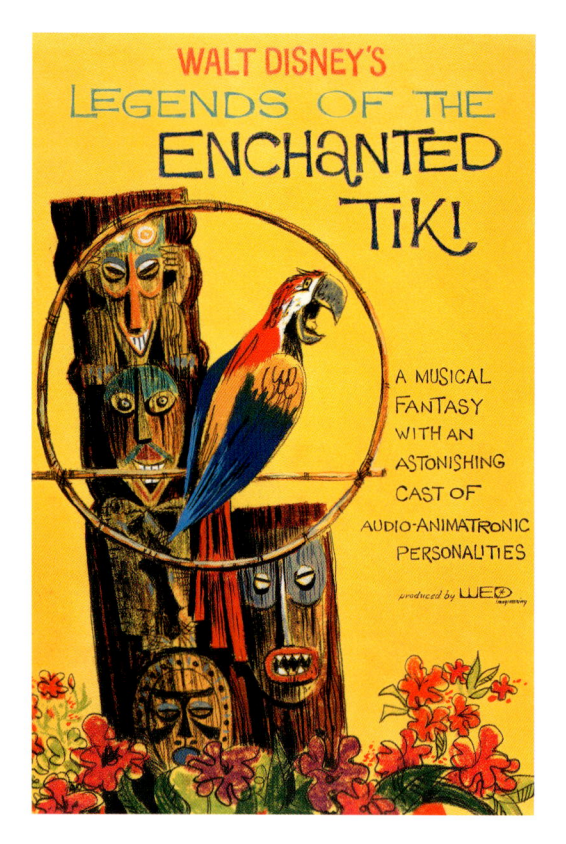

魅惑のチキルーム（コンセプト・スケッチ）
ディズニーランド
ポール・ハートリー（1963）

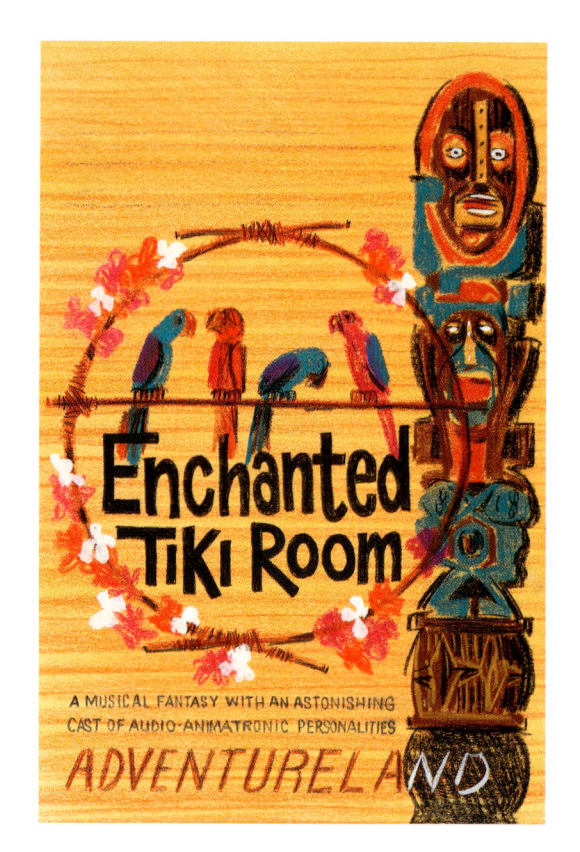

魅惑のチキルーム（コンセプト・スケッチ）
ディズニーランド
ポール・ハートリー（1963）

トロピカル・セレナーデ（コンセプト・スケッチ）
ウォルト・ディズニー・ワールド
サム・マッキム（1971）

トロピカル・セレナーデ（コンセプト・スケッチ）
ウォルト・ディズニー・ワールド
サム・マッキム（1971）

魅惑のチキルーム："ゲット・ザ・フィーバー！"
東京ディズニーランド
改作者不詳（1999）

魅惑のチキルーム：スティッチ・プレゼンツ "アロハ・エ・コモ・マイ！"
東京ディズニーランド
ウィル・アイアーマン 改作（2008）

インディ・ジョーンズ®・アドベンチャー（コンセプト・スケッチ）
ディズニーランド
ニーナ・レイ・ヴォーン（1989）

「ディズニーはルーカスフィルムからインディ・ジョーンズのアトラクション使用許可は得たけど、ハリソン・フォードの似顔絵制作許可をもらっていなかったんだ。このポスターを作るにあたって、もしハリソン演じるインディの顔がなかったら、まるでそれを描けなかったと思われてしまうかもしれない。だから、ハリソンに電話して、あなたの顔を描いてもいいですかと聞いたんだ。事情を話すと、あの人はとても穏やかな口調で、『もちろん、描いていいよ』と言ってくれたよ」
——ドリュー・ストゥルーザン（ポスター・アーティスト）

インディ・ジョーンズ®・アドベンチャー（コンセプト・スケッチ）
ディズニーランド
ドリュー・ストゥルーザン（1994）

インディ・ジョーンズ®・アドベンチャー：禁断の瞳の魔宮　ディズニーランド　ドリュー・ストゥルーザン（1995）

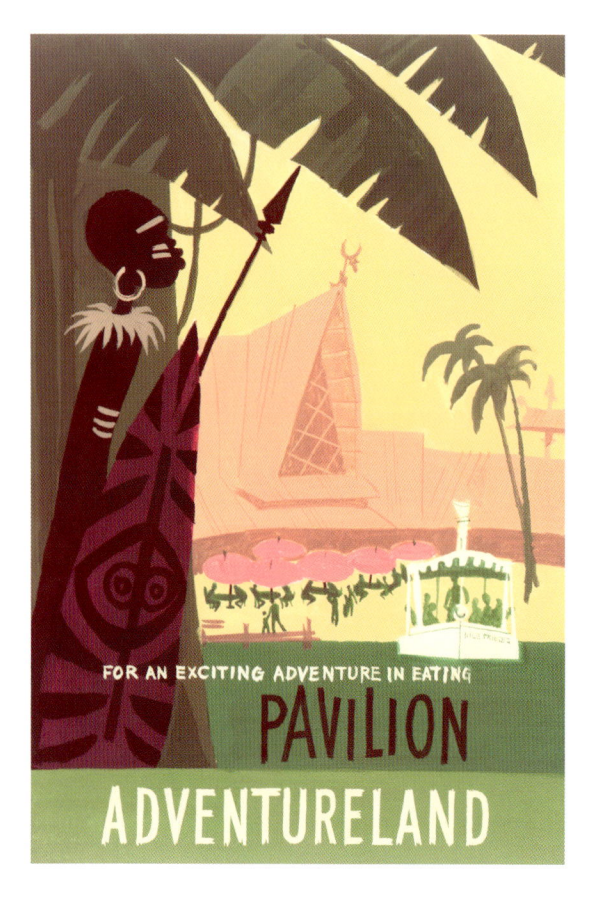

アドベンチャーランド・パビリオン（コンセプト・スケッチ）
ディズニーランド
ビョルン・アロンソン（1953）

プラザ・パビリオン、魅惑のチキルーム、タヒチアンテラス
ディズニーランド
サム・マッキム（1962）

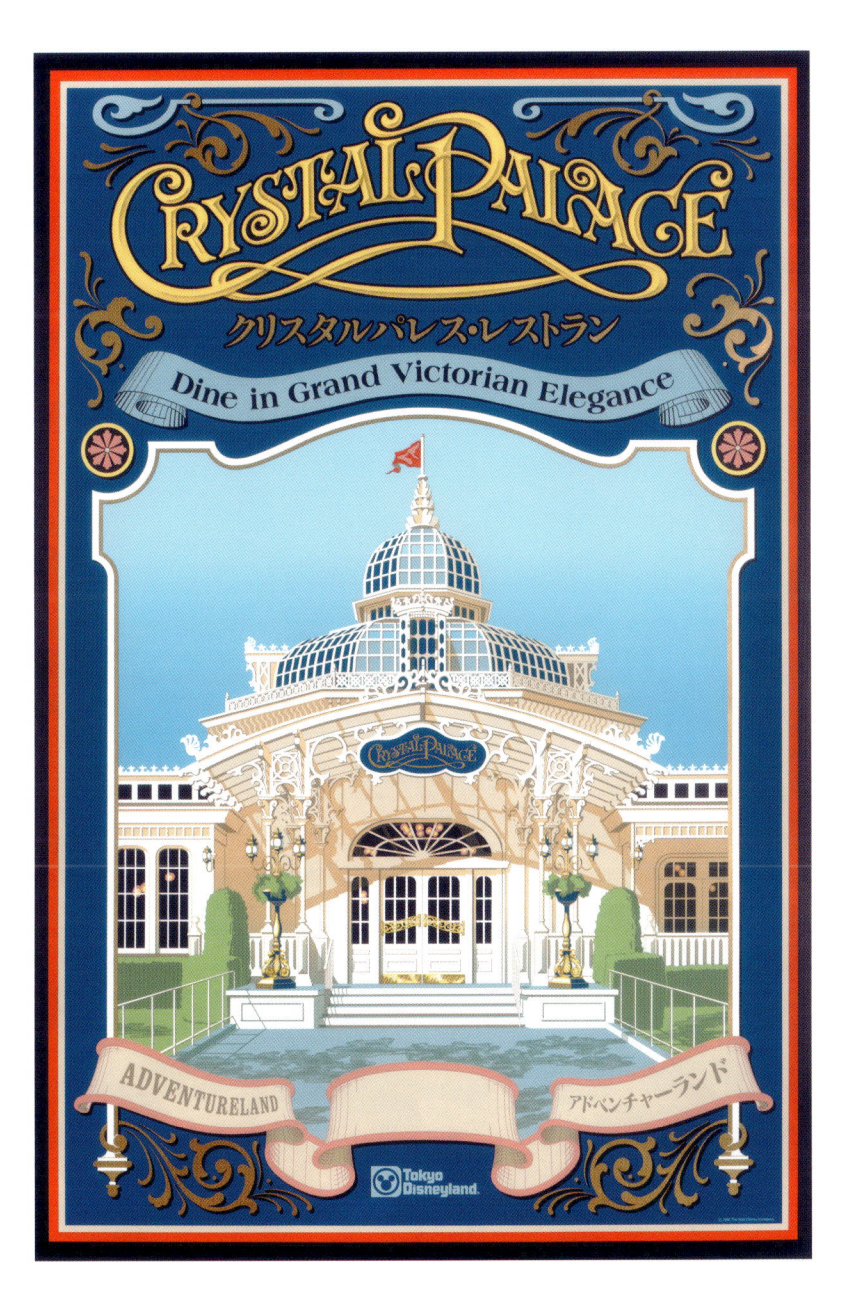

クリスタルパレス・レストラン
東京ディズニーランド
グレッグ・ポール、ミミ・シーアン（1986）

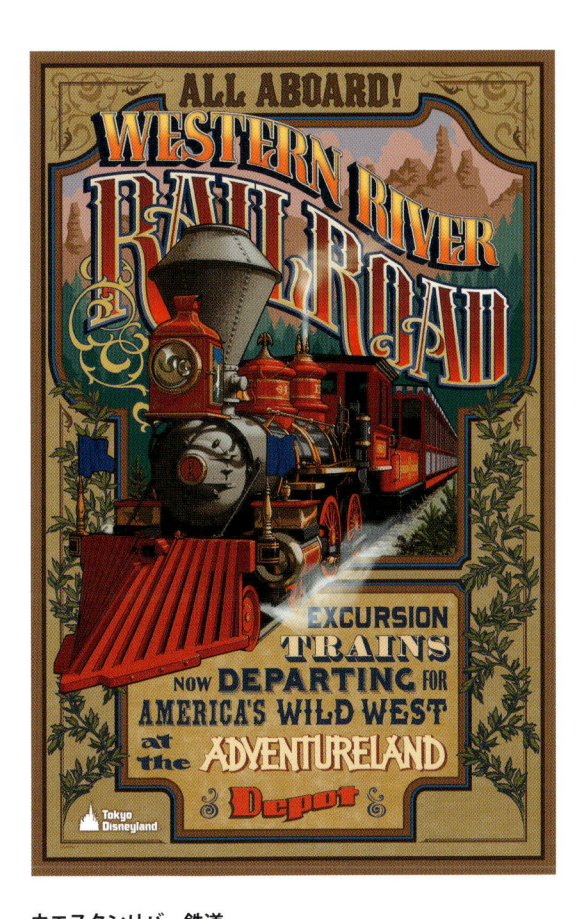

ウエスタンリバー鉄道
東京ディズニーランド
ジム・マイケルソン、アーニー・プリンゾーン、
ルディ・ロード（1983）
ウィル・アイアーマン 改作（2011）

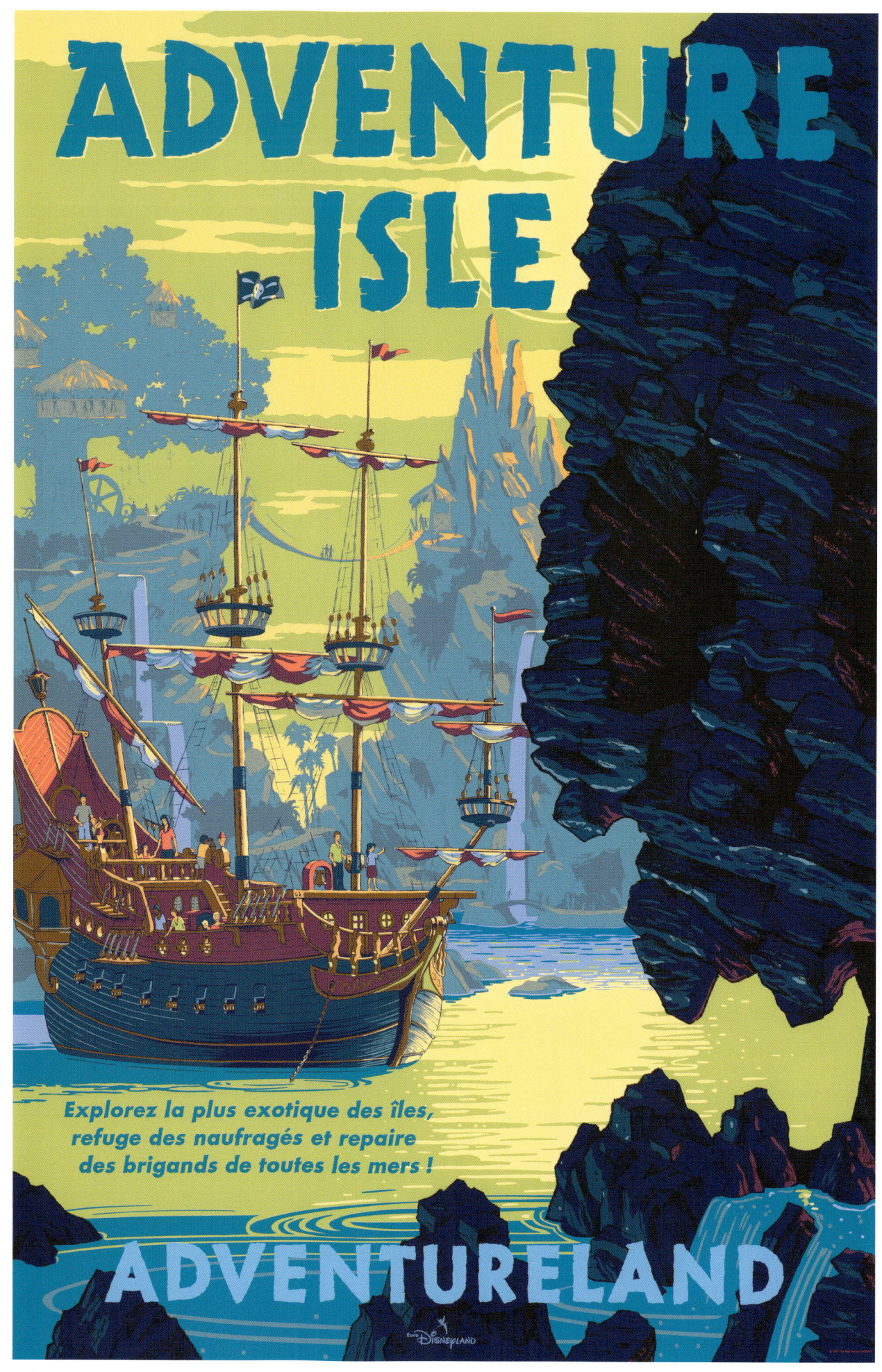

アドベンチャー・アイル　ディズニーランド・パリ　ジョージ・ストークス、クリス・ティーツ、ミミ・シーアン（1991）

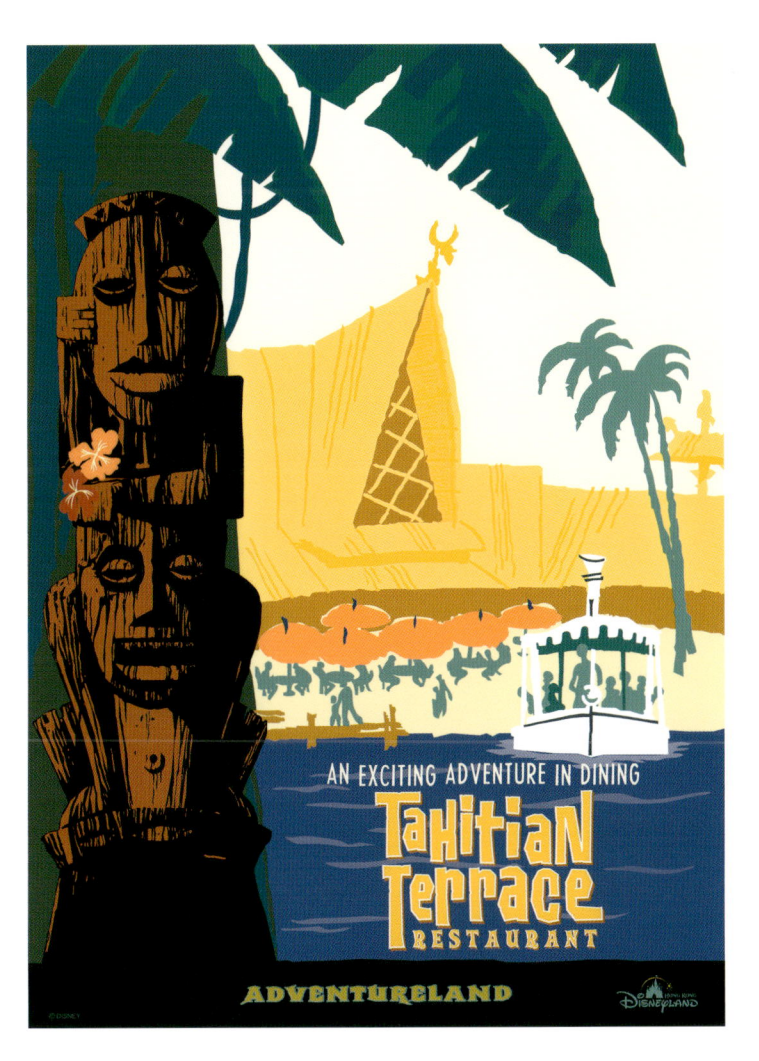

タヒチアンテラス・レストラン
香港ディズニーランド
ポール・ノヴァチェック、スコット・レン（2005）

フェスティバル・オブ・ザ・ライオン・キング
香港ディズニーランド
ポール・ノヴァチェック（2005）

カリブの海賊　ディズニーランド、ウォルト・ディズニー・ワールド、東京ディズニーランド　ジム・マイケルソン（1982）

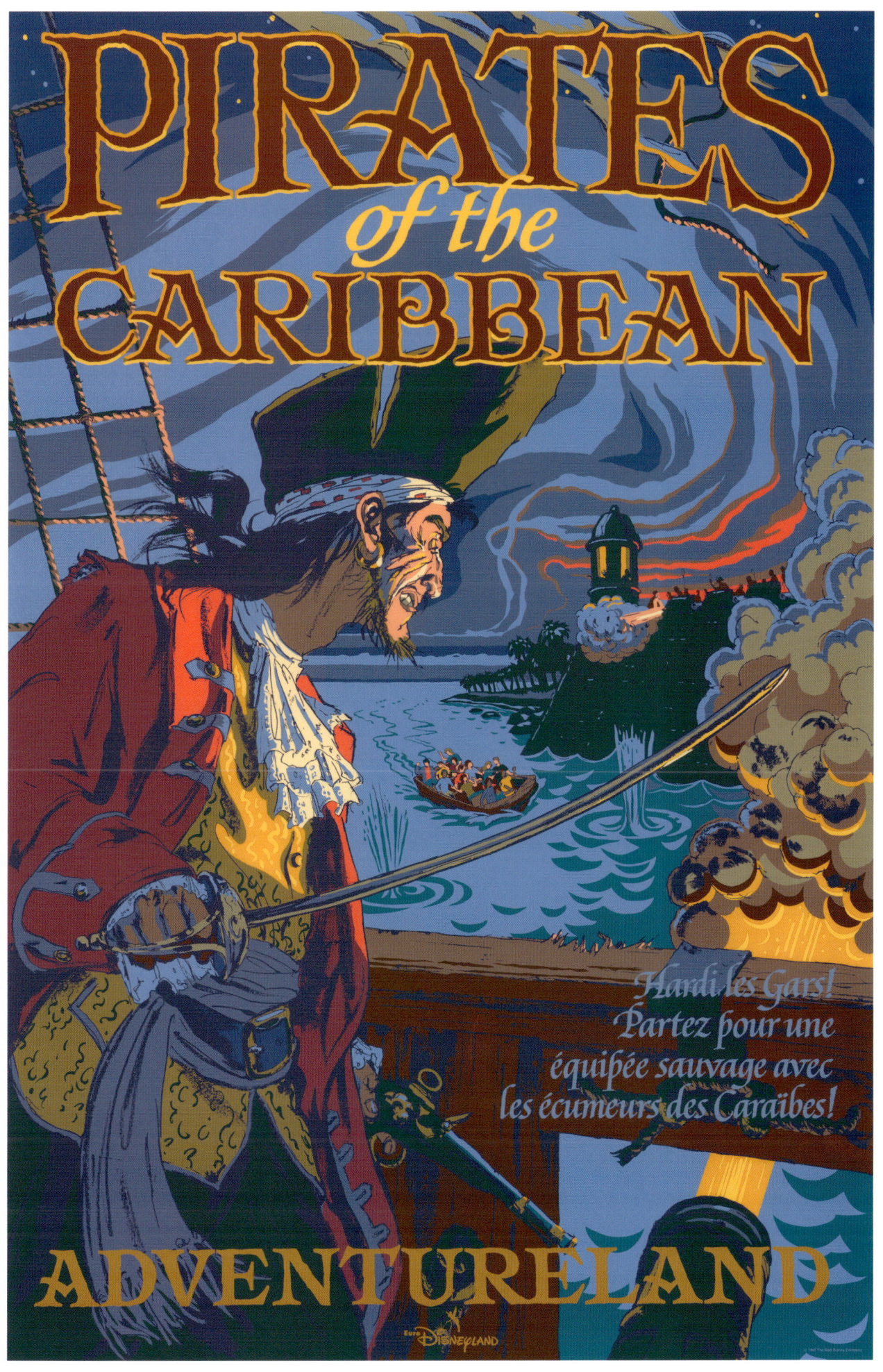

カリブの海賊　ディズニーランド・パリ、東京ディズニーランド　ジョージ・ストークス（1991）

カリブの海賊　ディズニーランド　コリン・キャンベル（1967）

CHAPTER 4

NEW ORLEANS SQUARE AND LIBERTY SQUARE

——→ 第4章　ニューオーリンズ・スクエアとリバティー・スクエア ←——

　バルコニーに設置されたあのレース模様の鉄格子、ディキシーランド・ジャズのバンドの演奏、そしてミシシッピ河を突き進む大きな蒸気船マークトウェイン号。こうしたものが楽しめるニューオーリンズ・スクエアは、まさしく「デルタの女王」だ。1世紀前、ニューオーリンズでは綿が王様で、蒸気船が河を支配していた。

——ウォルト・ディズニー

　ディズニーランドのニューオーリンズ・スクエアと、ウォルト・ディズニー・ワールドのリバティー・スクエアをのぞいてみよう。

　2つのテーマランドはそれぞれ対照的なテーマにもとづいて作り上げられたが、どちらも適度な広さで、そして幽霊屋敷があるという点は共通している。

　ニューオーリンズ・スクエアは、ミシシッピ河をモデルとするアメリカ河の隣に作られた。ディズニーランド開園以来、初めて追加設置されたテーマランドだ。1966年に作られた当時は何もアトラクションがなかったが、1967年にカリブの海賊が、1969年にホーンテッドマンションが導入された。

　コリン・キャンベルの「カリブの海賊」のポスターは、目を見張る明るい色で海賊が描かれている。背後には、カリブ海の古い地図らしきものが見える。海賊は、おそらくキャンベル自身を投影した姿であると思われる。その後、ケン・チャップマンとマーク・デイヴィスによって、「ホーンテッドマンション」のユーモラスなポスターが制作された。ヒッチハイクのポーズを取る幽霊たちがとても愉快だ。

　リバティー・スクエアは、植民地時代のアメリカをイメージして作られた。入り口に、こんなことが記されている。「鍛冶屋たちよ、工具を捨てて、革命の太鼓の音にあわせて行進せよ。農園主たちよ、己の土地を離れ、将軍をめざせ。商人たちよ、安全な家から出て、英雄になれ」

　1971年のリバティー・スクエアのオープンにあたって、ホール・オブ・プレジデンツ（大統領のホール）のアトラクションのために、独創的なポスターを制作する必要が生じた。そこで、当時はまだ珍しかった4色のリトグラフが使われることになった。

　海賊、幽霊、大統領など、何が描かれようと、ニューオーリンズ・スクエアとリバティー・スクエアのポスターには、この2つのテーマランドの背景と物語が明示されている。

カリブの海賊（コンセプト・スケッチ）
ディズニーランド
コリン・キャンベル（1966）

ホーンテッドマンション　ディズニーランド　ケン・チャップマン、マーク・デイヴィス（1969）

ホール・オブ・プレジデンツ
ウォルト・ディズニー・ワールド
ジョン・デキュア・シニア（1971）

上：**ホーンテッドマンション（コンセプト・スケッチ）**
ディズニーランド
ジム・マイケルソン（1977）

下：**ホーンテッドマンション**
ウォルト・ディズニー・ワールド
ジョージ・ジェンセン 改作（1971）

フロンティアランド　ディズニーランド、ウォルト・ディズニー・ワールド　ビョルン・アロンソン（1955）

CHAPTER 5
FRONTIERLAND

―――― 第5章　フロンティアランド ――――

　フロンティアランドでは、古き良き西部開拓時代のアメリカが体験できる。そこでは、まず馬車が走り、続いて汽車が登場し、蒸気船が河を突き進んだ。フロンティアランドは、こうした開拓者たちの信念、勇気、創意工夫に敬意を表して作られた。

――ウォルト・ディズニー

　フロンティアランドのポスターは、まさしくフロンティア時代の西部に敬意を表する形で描かれている。

　こうしたポスターは、雄大なアメリカ河を行く船や、目を見張るようなビッグサンダー・マウンテンの山頂、そしてゲストたちを興奮させるスプラッシュ・マウンテンの水しぶきを迫力十分に描いている。ディズニーランドを訪れる人たちは、そのポスターを目にして、わくわくすること間違いなしだ。

　まず、ビョルン・アロンソンによるフロンティアランドのポスターを見てみよう。アロンソンは、蒸気船マークトウェイン号やマイク・フィンク・キールボートやインディアン・ウォー・カヌー（現在はクリッターカントリーにあるデイビー・クロケットのカヌー探険）など、アメリカ河に用意されたアトラクションを美しいポスターに描いた。こうしたポスターの背景には、トムソーヤ島がよく描かれている。また、ゴールデンホースシュー・レビューのダンス・ガールや、カサ・デ・フリトスのおいしいメキシコ料理、さらには駅馬車、鉱山列車、ラバ乗り体験などを描いたポスターもアロンソンは制作している。

　フロンティアランドを代表するビッグサンダー・マウンテンとスプラッシュ・マウンテンを扱ったポスターは、まさにそのアトラクションと同じで（どちらも「Eチケット」の人気アトラクションだ）、興奮とスリルに満ちあふれていて、時に恐怖も感じさせる。ぜひ実際にその目でこうしたポスターを確認してほしい。なお、スプラッシュ・マウンテンは、ディズニーランドおよび東京ディズニーランドでは、クリッターカントリーに設置されている。

　カントリーベア・ジャンボリーのアトラクションでは、クマたちが陽気なカントリーソングを聴かせてくれる。東京ディズニーランドには、フロンティアランドの代わりにウエスタンランドがあるが、そこではウォルト・ディズニー・イマジニアリング（WDI）によって、オリジナルの「カントリーベア・ジャンボリー」のほか、「カントリーベア・シアター：ジングルベル・ジャンボリー」と「カントリーベア・シアター：バケーション・ジャンボリー」の3点のポスターが制作された。

　そのうちの2点「カントリーベア・シアター：ジングルベル・ジャンボリー」と「カントリーベア・シアター：バケーション・ジャンボリー」のイラストは、WDIのコンセプト・デザインの責任者ラリー・ニコライが手がけている。

　ディズニーランドが開園した1950年代には、アメリカの西部をイメージしたアトラクションがいちばん人気があった。そこで、ディズニーランド・パリをはじめ、アメリカ国外のディズニーテーマパークでは、こうしたフロンティアランドの理想を伝えるために、さまざまな工夫が凝らされることになった。

　「まさにアメリカ西部のあの時代に印刷されたように見せようとしました」とWDIの前グラフィック・デザイナー、レティシア・レレヴィアーは言う。

　「『ラッキーナゲット・サルーン』『カウボーイ・クックアウト・バーベキュー』『ファントム・マナー』あたりは、色を制限して描き上げました。これによって、ヨーロッパの人たちには、とても味わいのある印象を与えたと思います。というのは、ヨーロッパの人たちは、フランス映画を通じて、こうしたアメリカ西部のロマンスに対して、強い憧れを抱いていましたから」

　緩やかに流れる河、にぎやかな酒場、そして目を見張る壮大な山脈。

　フロンティアランドから、何枚ものすぐれたポスターが生まれている。

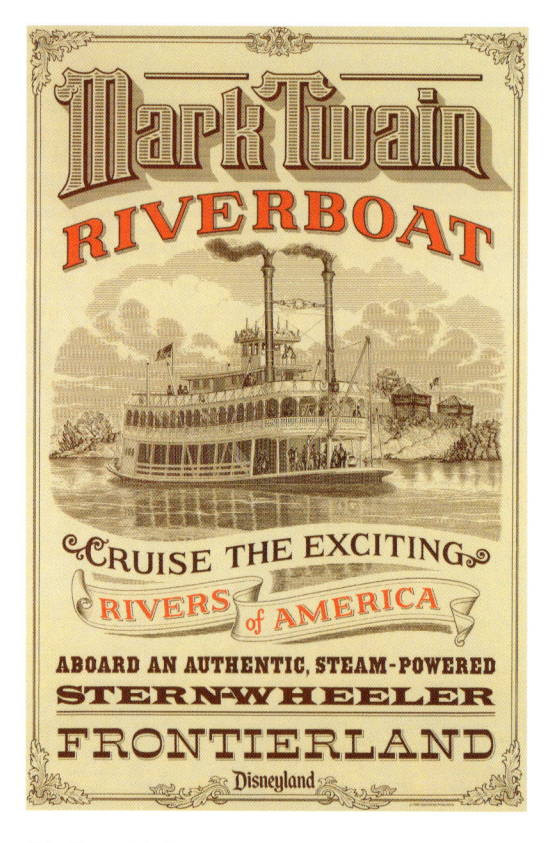

蒸気船マークトウェイン号
ディズニーランド、東京ディズニーランド
デビー・ロード（1983）

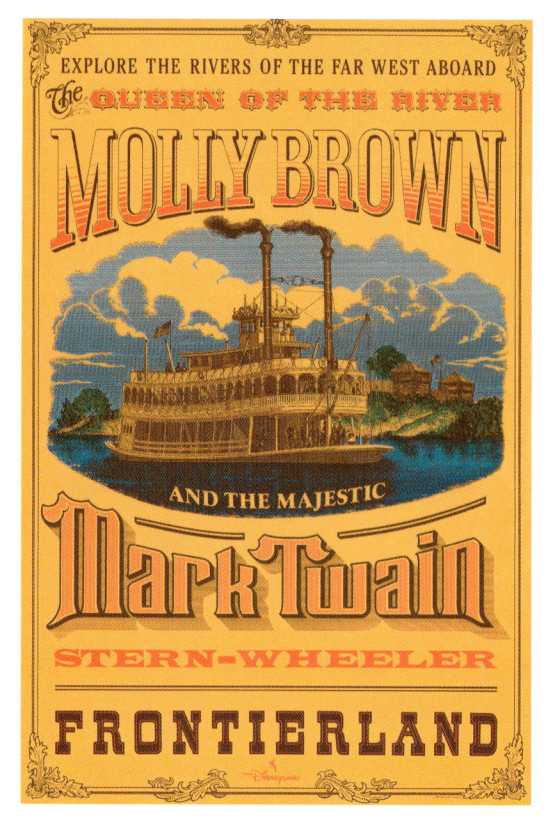

モリーブラウン号とマークトウェイン号
ディズニーランド・パリ
ジェフ・バーク、レティシア・レレヴィアー、デビー・ロード（1990）

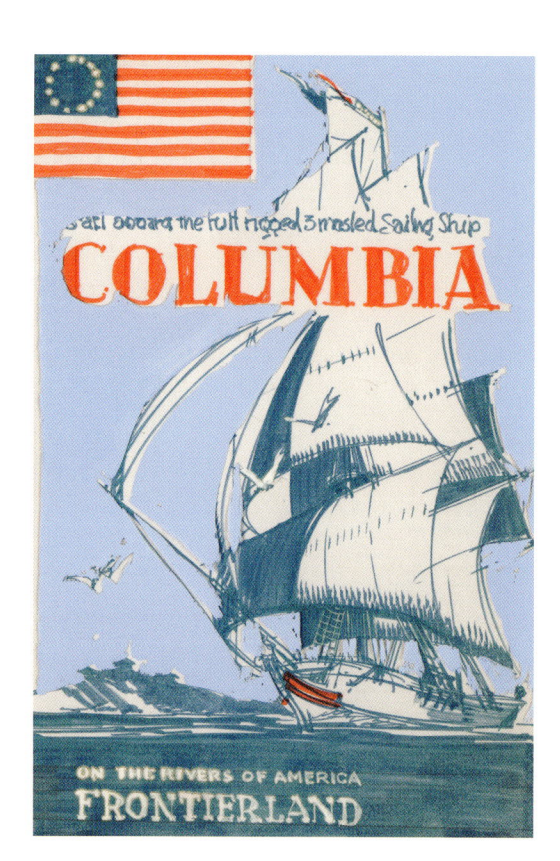

帆船コロンビア号（コンセプト・スケッチ）
ディズニーランド
作者不詳（1958）

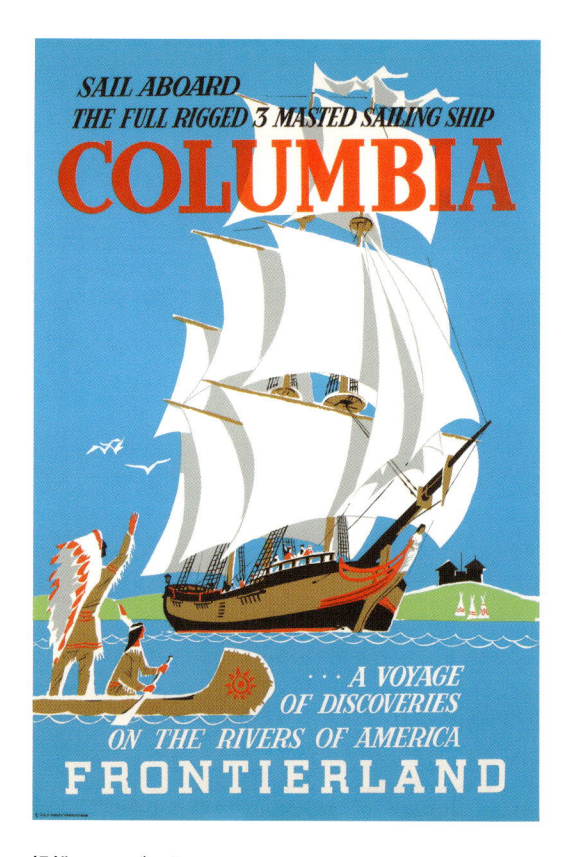

帆船コロンビア号
ディズニーランド
ビョルン・アロンソン（1958）

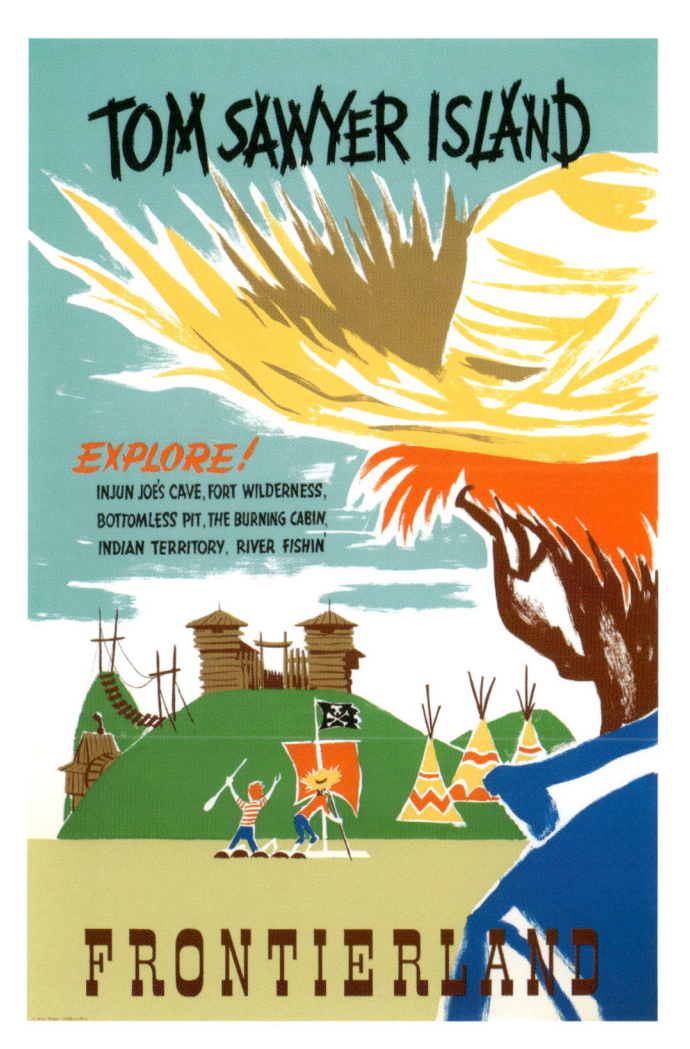

トムソーヤ島
ディズニーランド
ビョルン・アロンソン（1956）

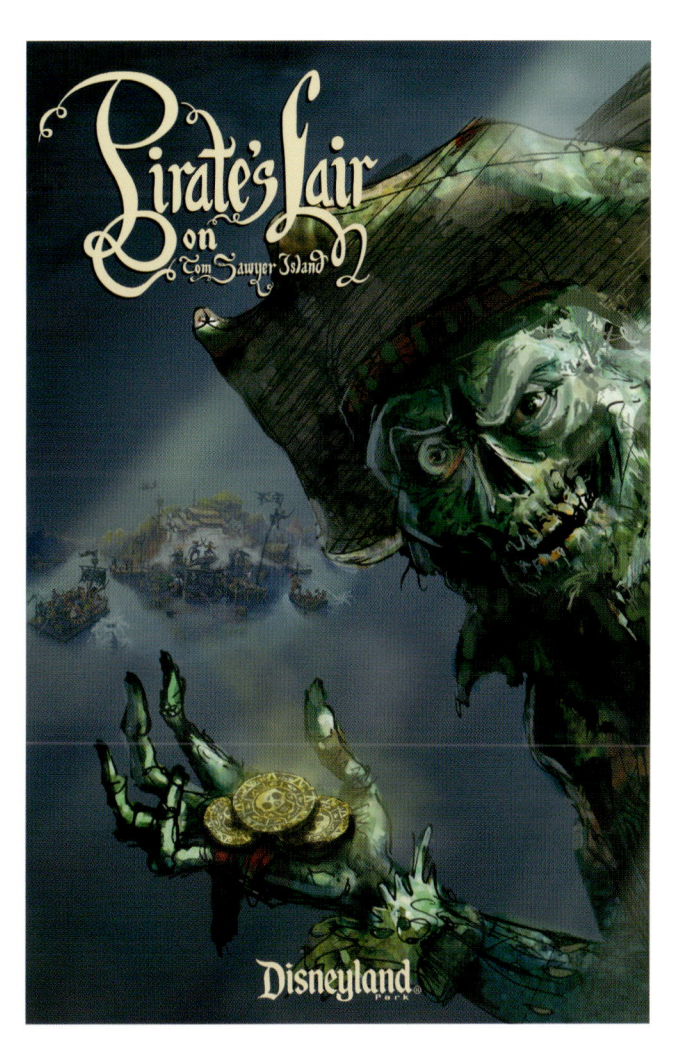

トムソーヤ島のパイレーツの隠れ家
ディズニーランド
ダニー・ハンケ、クリス・ランコ、ウェスリー・カイル、クリス・メリット
（2007）

駅馬車、鉱山列車、ラバ乗り体験　ディズニーランド　ビョルン・アロンソン（1956）

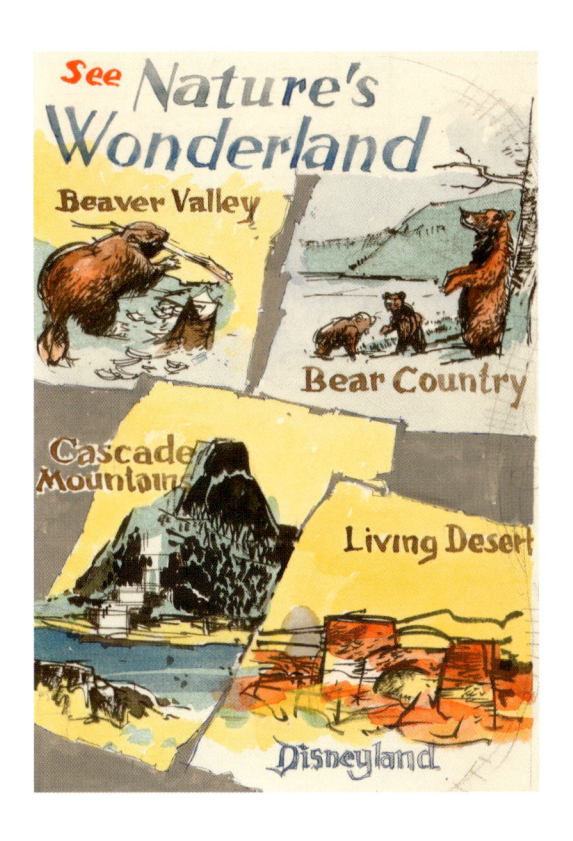

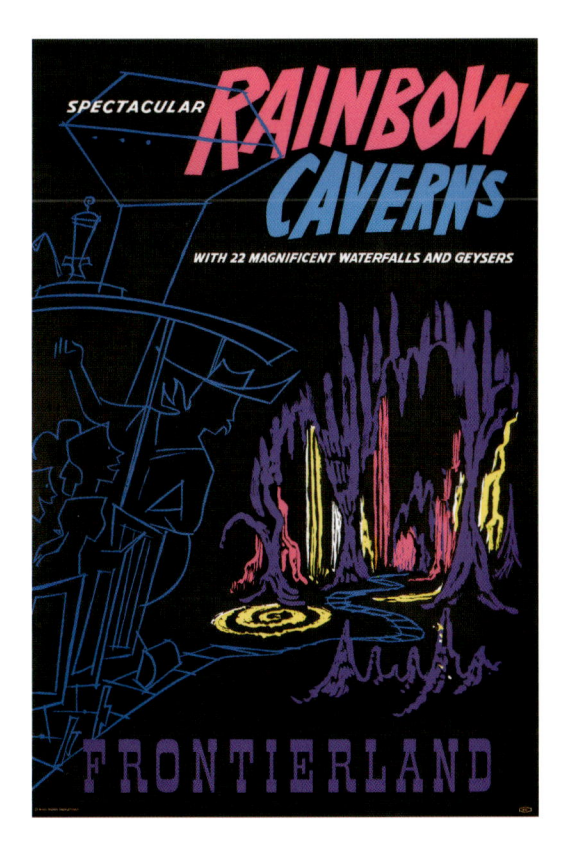

ネイチャーズ・ワンダーランド
ディズニーランド
作者不詳（1960）

上：**ネイチャーズ・ワンダーランド（コンセプト・スケッチ）**
ディズニーランド
ハーブ・ライマン（1960）

下：**レインボー・キャヴァンズ**
ディズニーランド
ビョルン・アロンソン（1956）

57

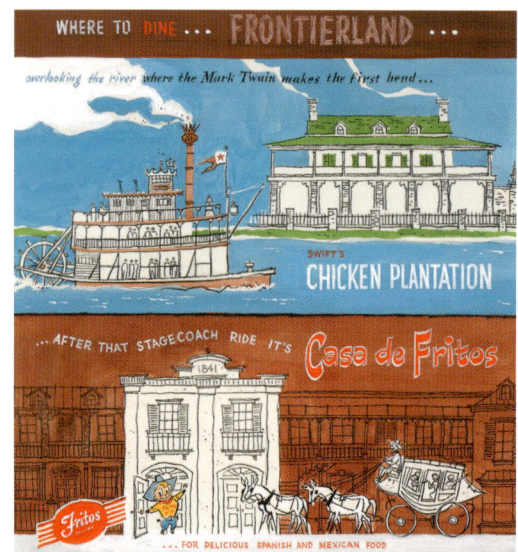

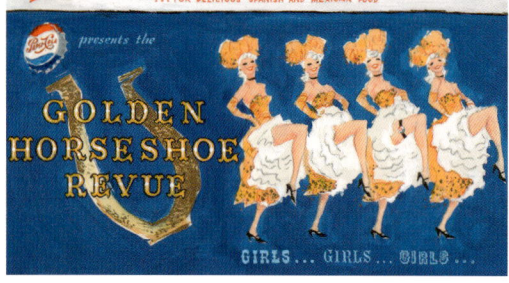

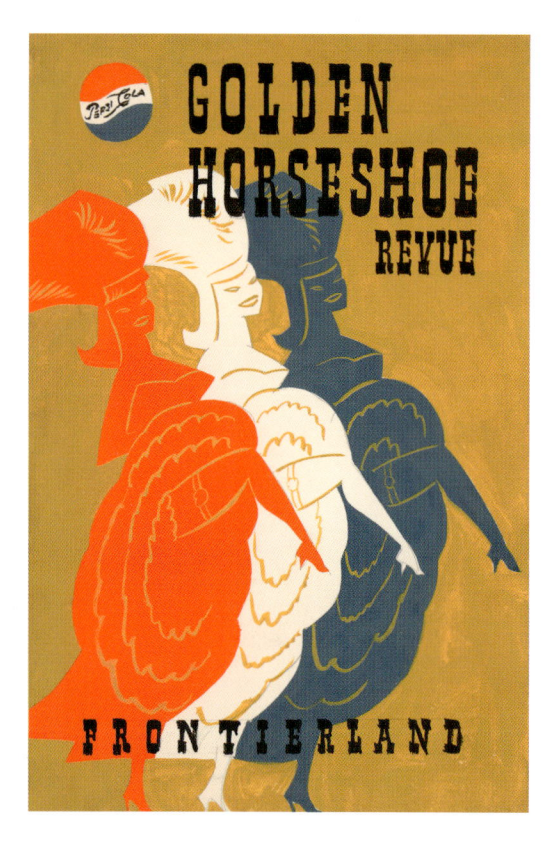

上：**チキン・プランテーション、カサ・デ・フリトス、
ゴールデンホースシュー・レビュー（コンセプト・スケッチ）**
ディズニーランド
サム・マッキム（1956）

下：**ゴールデンホースシュー・レビュー（コンセプト・スケッチ）**
ディズニーランド
ビョルン・アロンソン（1955）

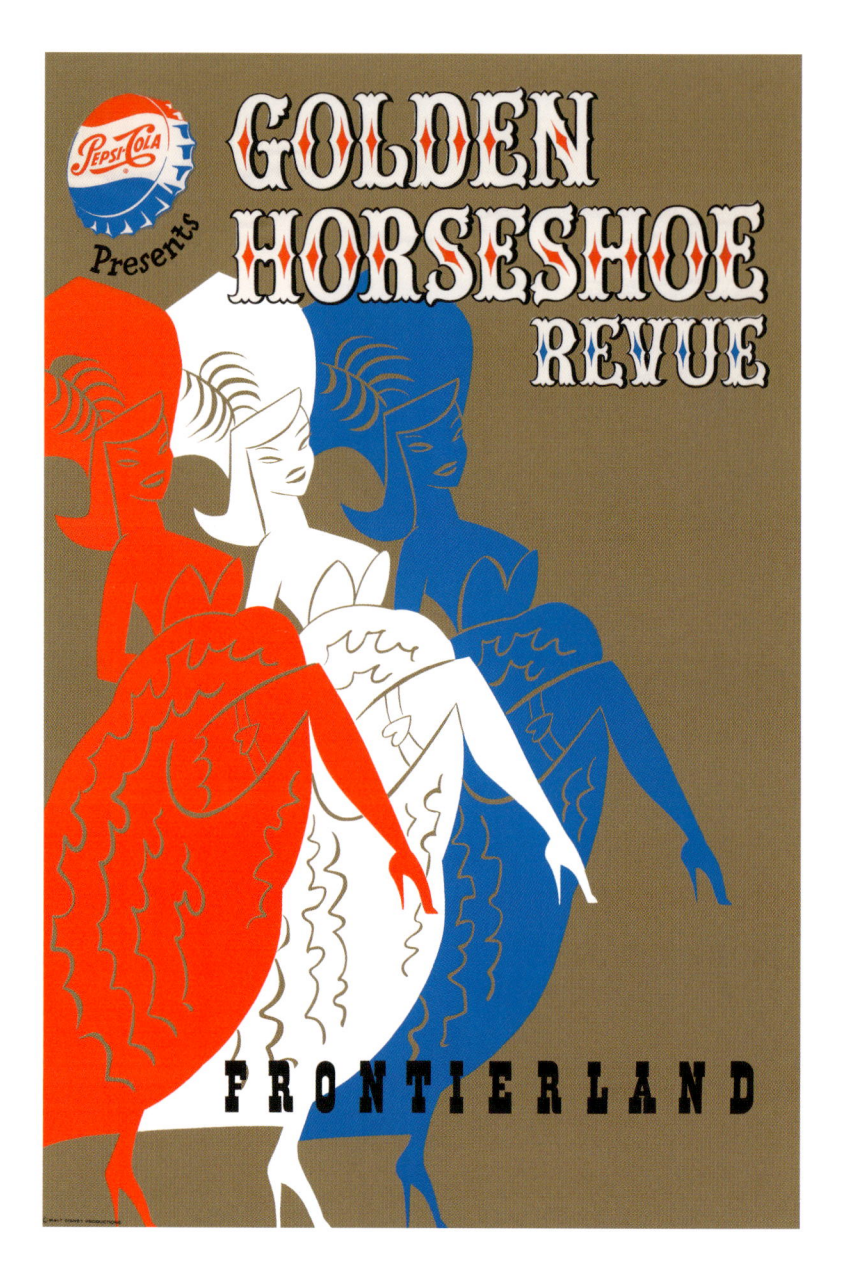

ゴールデンホースシュー・レビュー
ディズニーランド
ビョルン・アロンソン（1955）

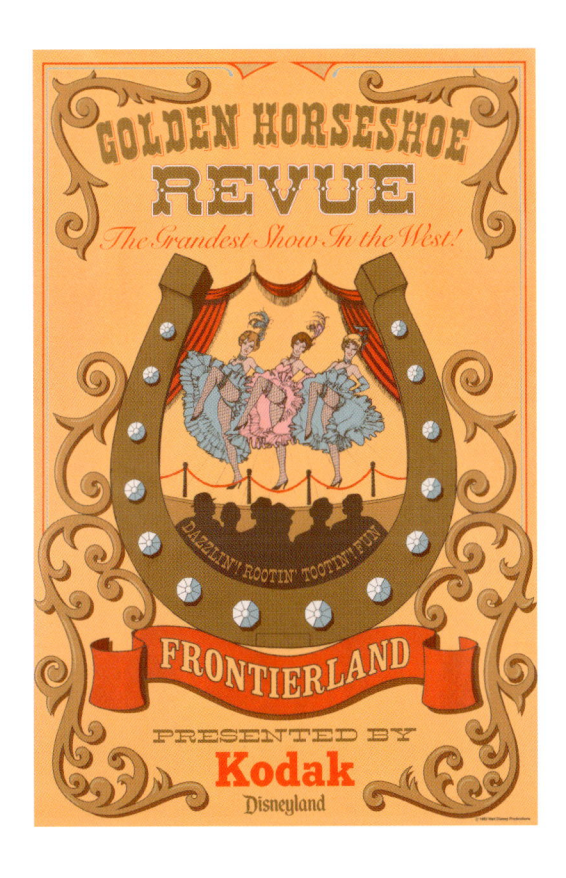

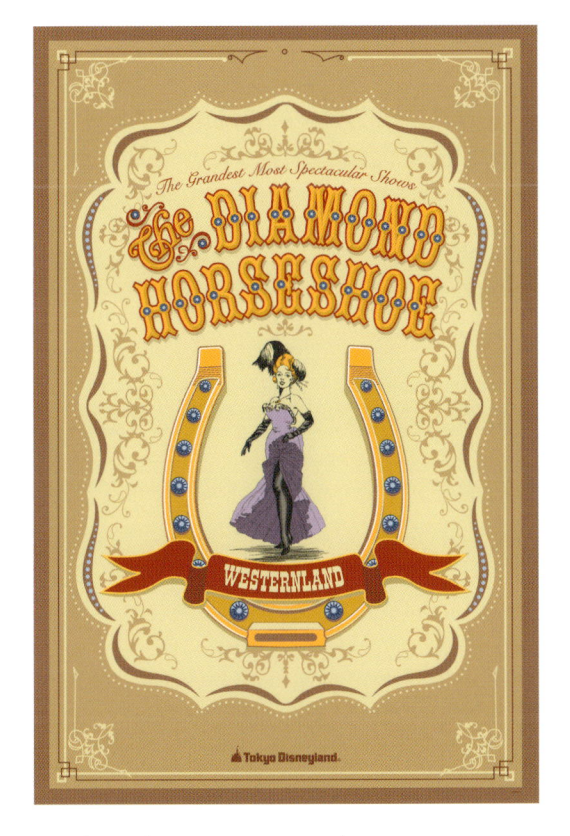

ダイヤモンドホースシュー・レビュー
ウォルト・ディズニー・ワールド
改作者不詳（1971）

上：**ゴールデンホースシュー・レビュー**
ディズニーランド、東京ディズニーランド
パティ・マイヤーズ、コリン・キャンベル（1983）

下：**ザ・ダイヤモンドホースシュー**
東京ディズニーランド
マサヒロ・ツカコシ（2001）

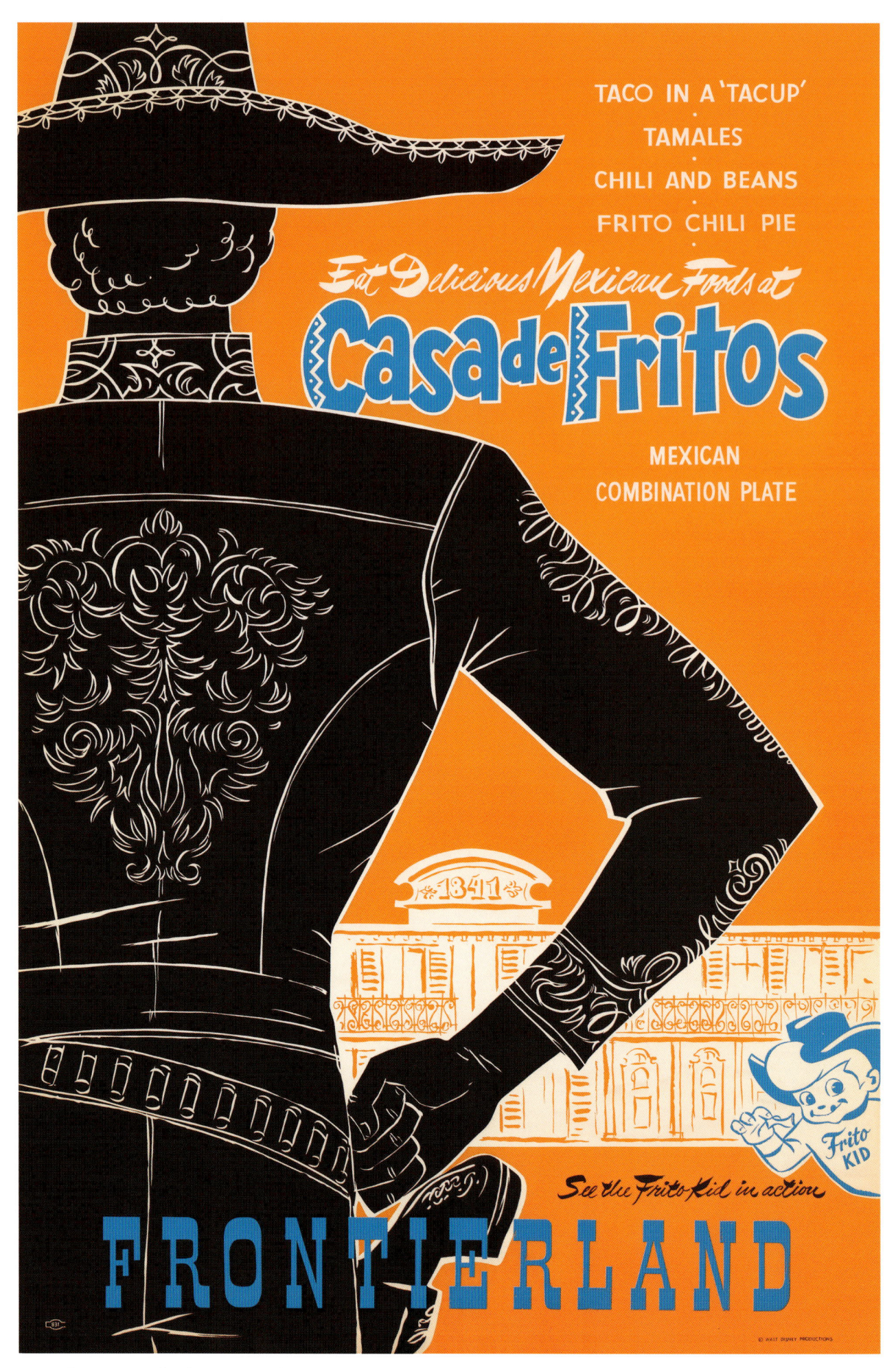

カサ・デ・フリトス　ディズニーランド　ビョルン・アロンソン（1955）

ラッキーナゲット・サルーン
ディズニーランド・パリ
フェルナンド・テネドーラ、レティシア・レレヴィアー（1992）

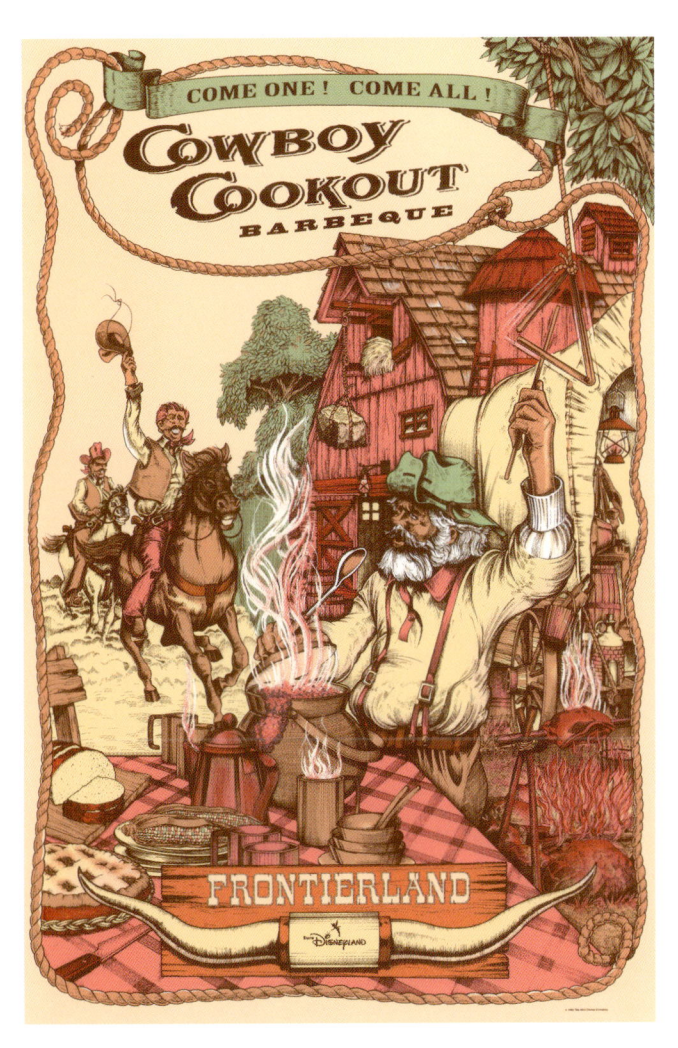

カウボーイ・クックアウト・バーベキュー
ディズニーランド・パリ
レティシア・レレヴィアー、フレッド・ボディ、ウィル・アイアーマン（1992）

カントリーベア・ジャンボリー　ウォルト・ディズニー・ワールド、ディズニーランド、東京ディズニーランド
ジム・マイケルソン、マーク・デイヴィス、エディ・マルティネス（1978）

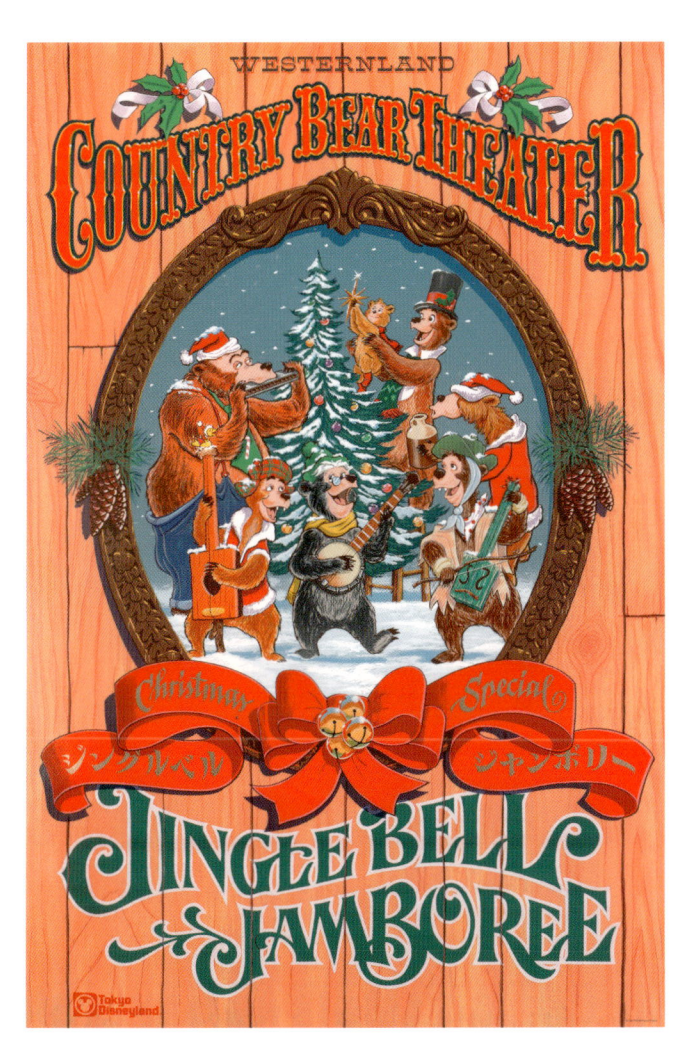

カントリーベア・シアター：ジングルベル・ジャンボリー
東京ディズニーランド
ラリー・ニコライ、マイケル・ワルゾッカ（1991）

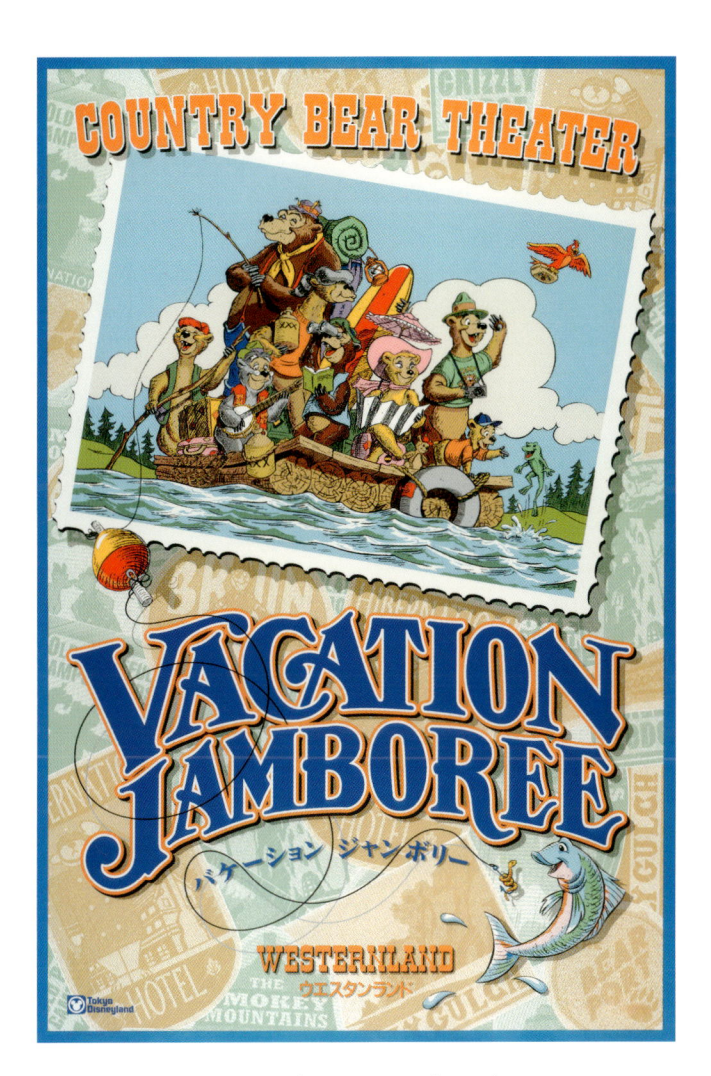

カントリーベア・シアター：バケーション・ジャンボリー
東京ディズニーランド
ラリー・ニコライ、ウィル・アイアーマン（1994）

「ジム・マイケルソンが描いたビッグサンダー・マウンテンのポスターは、ディズニーランドとウォルト・ディズニー・ワールドで展示されました。しかし、このアトラクションを東京やパリで理解してもらうのは文化的にむずかしく、海外向けにポスターを描きかえる必要がありました。開拓時代のアメリカ西部の冒険物語を表現するために、新しい彩色法を取り入れました。スクリーン印刷にしたので、エアブラシは使えませんでした。蒸気は歯ブラシで描いたのです」
——レティシア・レレヴィアー（ウォルト・ディズニー・イマジニアリング、前グラフィック・デザイナー）

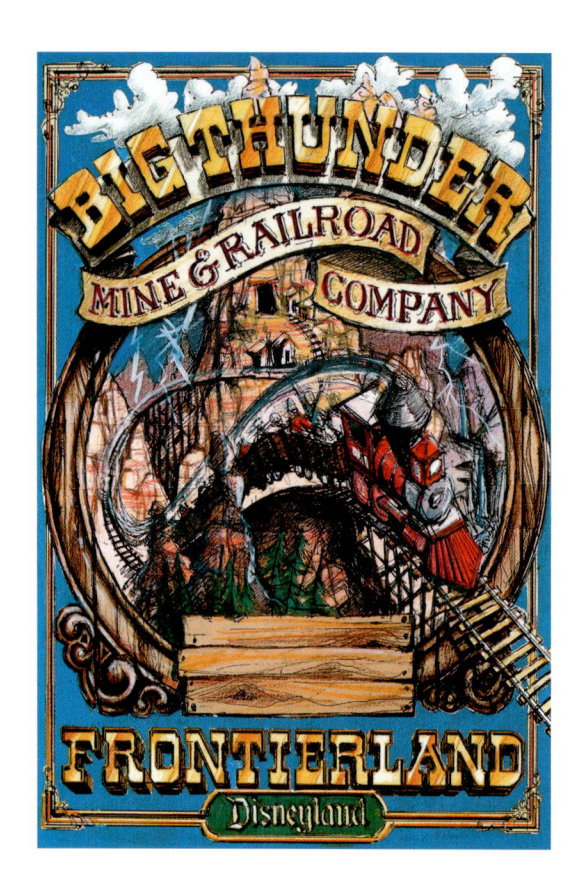

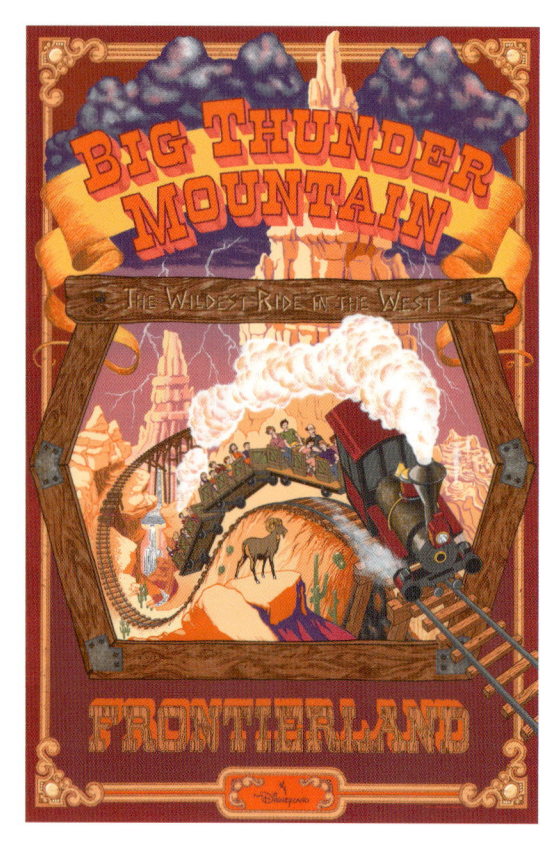

上：ビッグサンダー・マウンテン（コンセプト・スケッチ）
ディズニーランド、ウォルト・ディズニー・ワールド
ジム・マイケルソン（1977）

下：ビッグサンダー・マウンテン
ディズニーランド・パリ、東京ディズニーランド
レティシア・レレヴィアー、グレッグ・ポール 改作（1987）

ビッグサンダー・マウンテン
ディズニーランド、ウォルト・ディズニー・ワールド
ジム・マイケルソン、ルディ・ロード、グレッグ・ポール（1979）

スプラッシュ・マウンテン　ディズニーランド、ウォルト・ディズニー・ワールド、東京ディズニーランド　ラリー・ニコライ（1992）

ファントム・マナー（線画スケッチ）
ディズニーランド・パリ
マギー・パー（1990）

ファントム・マナー
ディズニーランド・パリ
マギー・パー、レティシア・レレヴィアー（1991）

ファントム・マナー　ディズニーランド・パリ　ダン・グージー (1992)

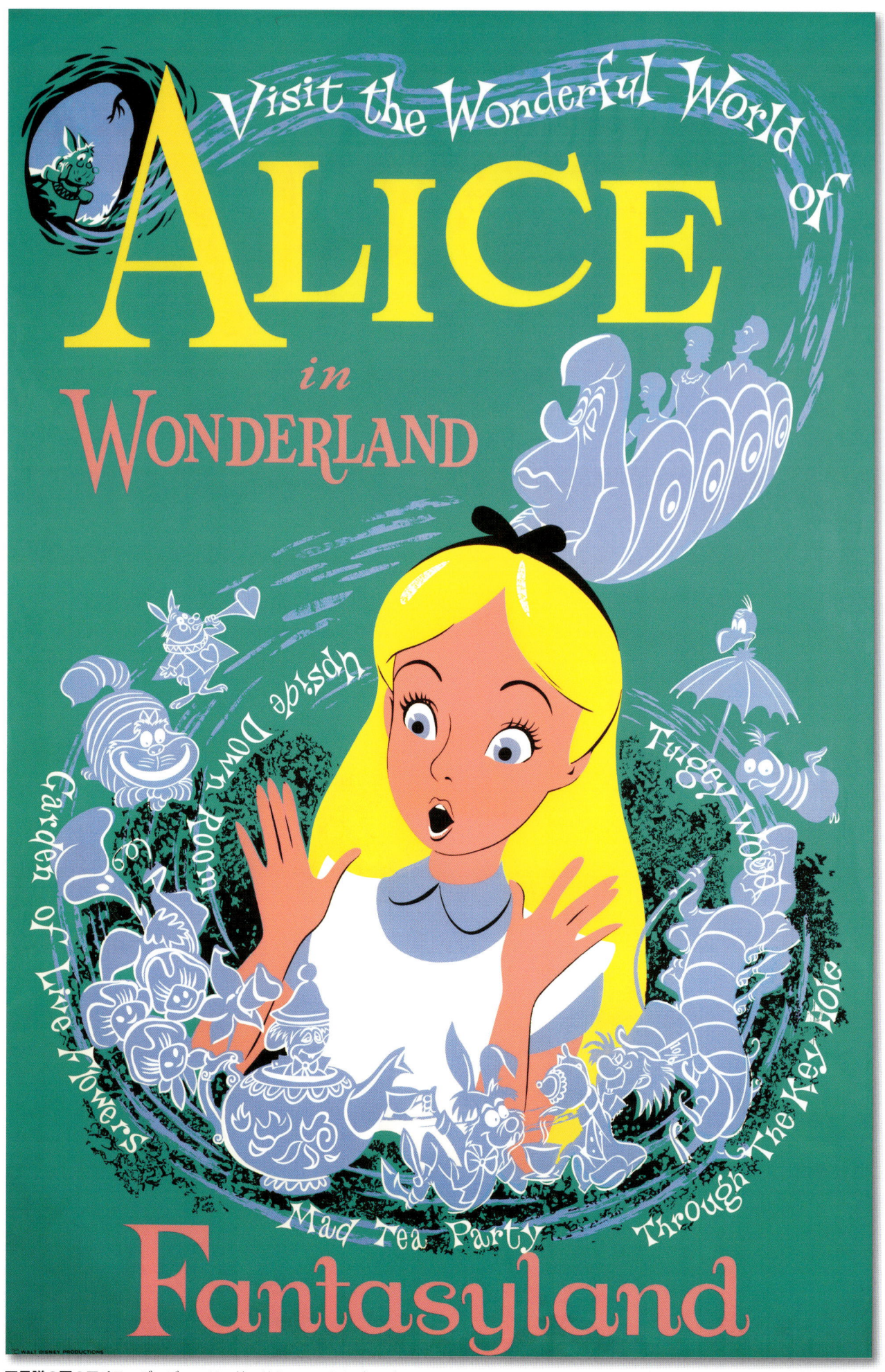

不思議の国のアリス　ディズニーランド　サム・マッキム（1958）

CHAPTER 6

Fantasyland

──▶ 第6章　ファンタジーランド ◀──

ここは想像力と希望、そして夢の世界だ。永遠に魅惑的なこの世界で、騎士道精神、魔法、そして子供たちの空想が再現される。まさしく、おとぎ話が現実のものになる。ファンタジーランドは、子供の心を持つ人たち、星に願えば夢は必ずかなうと信じる人たちのための場所だ。

──ウォルト・ディズニー

　ファンタジーランドへようこそ。ここには、ディズニーのあの愛すべきキャラクターたちが勢ぞろいしている。見上げるように大きな城もそびえ立っている。ボブスレーも楽しめるし、最高に楽しい世界一周の船旅にも参加できる。

　この「みんなにとって最高に幸せな国」のポスターには、おなじみのキャラクターたちが生き生きと描かれている。あらゆる年齢の子供たちが想像するものが、そこに描写されている。キャラクターたちのあの愛らしい表情が、際立つ色彩と驚くべき空想力によって、各ポスターに見事に表現されている。

　ファンタジーランドのアトラクション・ポスターでは、絵に添えられるキャッチフレーズが重要な役割を果たす。というのは、それを目にするゲストたちは、たちまちその物語の主要なキャラクターに変身してしまうからだ。

　例えば、「ピノキオの冒険旅行」には「星に願いをかけて、心躍る冒険を体験しよう」という言葉が書かれているが、それを見た人たちは、ただちにピノキオと冒険の旅に出ることになる。

　マッターホーン・ボブスレーは、1959年にディズニーランドで初の拡張工事が行われた際に導入された。これは、1960年代のディズニーランドのパンフレットでは、トゥモローランドのアトラクションとして紹介された。最初のコンセプト・スケッチのポスターでも、トゥモローランドで楽しめるアトラクションとして表記された。しかし、完成版ポスターでは、ファンタジーランドのアトラクションとして紹介されることになった。

　1970年代、1980年代のファンタジーランドのポスターには、ディズニーランド、ウォルト・ディズニー・ワールド、東京ディズニーランドのいずれでも展示できるようにデザインされ、制作されたものがある。「ピーターパン空の旅」「イッツ・ア・スモールワールド」などがそうだ。そして東京ディズニーランドの「ホーンテッドマンション」も、ディズニーランドのニューオーリンズ・スクエアにある「ホーンテッドマンション」をもとに制作されたと思われる。

　言うまでもなく、すべてのポスターがすべてのパークに展示できるように制作されたわけではない。東京ディズニーランドでは、1980年代にシンデレラ城ミステリーツアーが導入され、そのポスターが制作された。そして、そのポスターは、最終的に東京ディズニーランドを代表するものになった。屈指のイマジニアとして名を残したＸ・アテンシオは、1983年に東京ディズニーランドにオープンしたミッキーマウス・レビューのポスター制作を担当した。それは、アテンシオのキャラクターデザインのすぐれたセンスが確かにうかがえるものとなっている。

　アトラクションのポスターは、ゲストを感動させるだけではない。彼らに情報も与える。例えば香港ディズニーランドの「イッツ・ア・スモールワールド」のポスターには、このアトラクションの特徴が具体的に描かれている。このように、ゲストはポスターを見れば、これから乗るアトラクションについて知ることができる。ポスターを見れば、そのアトラクションがどんなものであるか、すぐにわかるのだ。

　東京ディズニーランドでは、ファンタジーランドの近くにトゥーンタウンがある。このトゥーンタウンのポスターには、夢と魔法の王国ならではの愉快な様子と、ここで活躍する印象的なキャラクターたちが鮮やかに描かれている。

　ファンタジーランドのポスターは、子供はもちろん、子供の心を持つ大人たちも楽しめるものになっている。それぞれのアトラクションで得られる興奮、さらにはその夢の世界が生き生きと描かれているからだ。

ピーターパン空の旅
ディズニーランド、ウォルト・ディズニー・ワールド
ビョルン・アロンソン（1955）

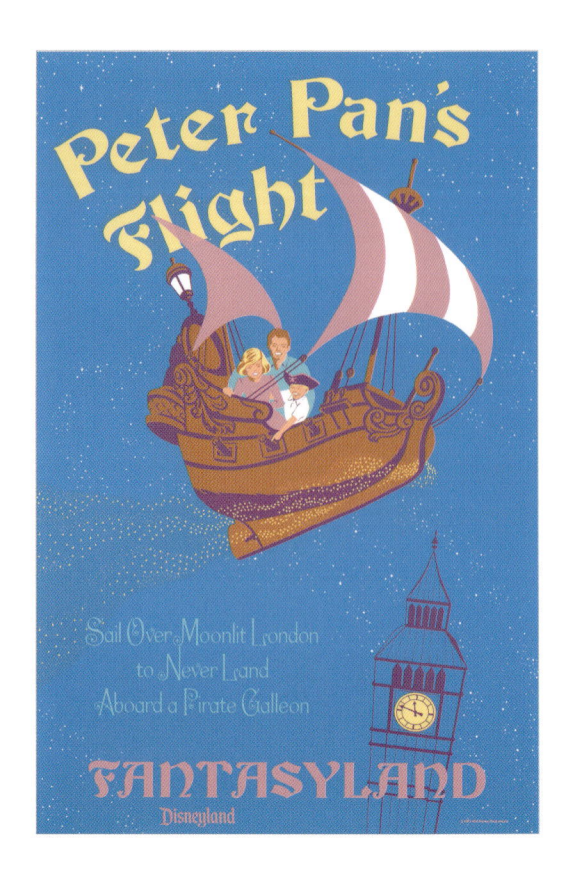

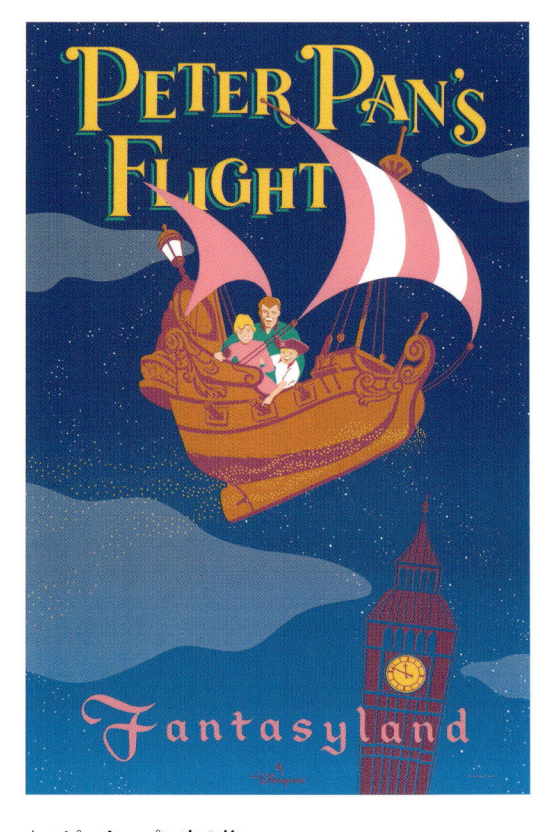

上：**ピーターパン空の旅**
ディズニーランド、東京ディズニーランド
レティシア・レレヴィアー 改作（1983）

下：**ピーターパン空の旅**
ディズニーランド・パリ
スティーヴ・カーギル 改作（1990）

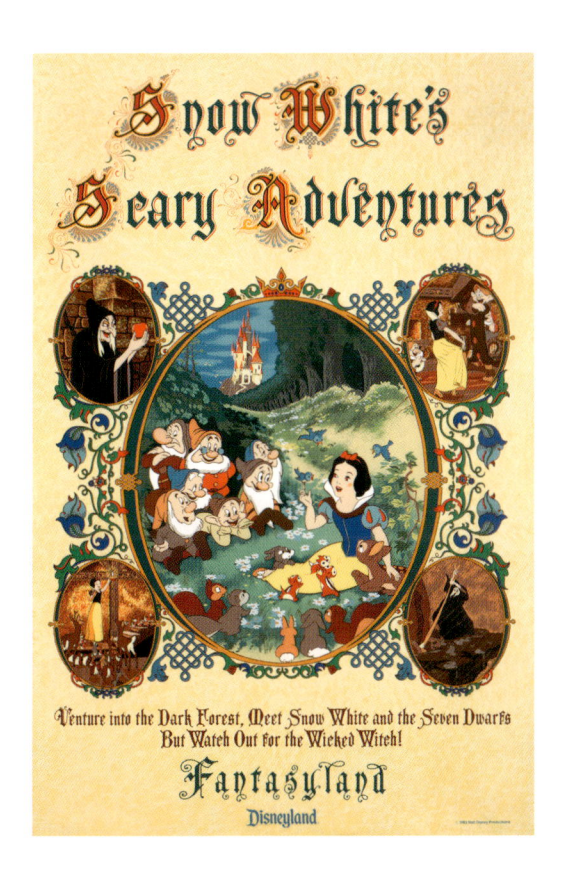

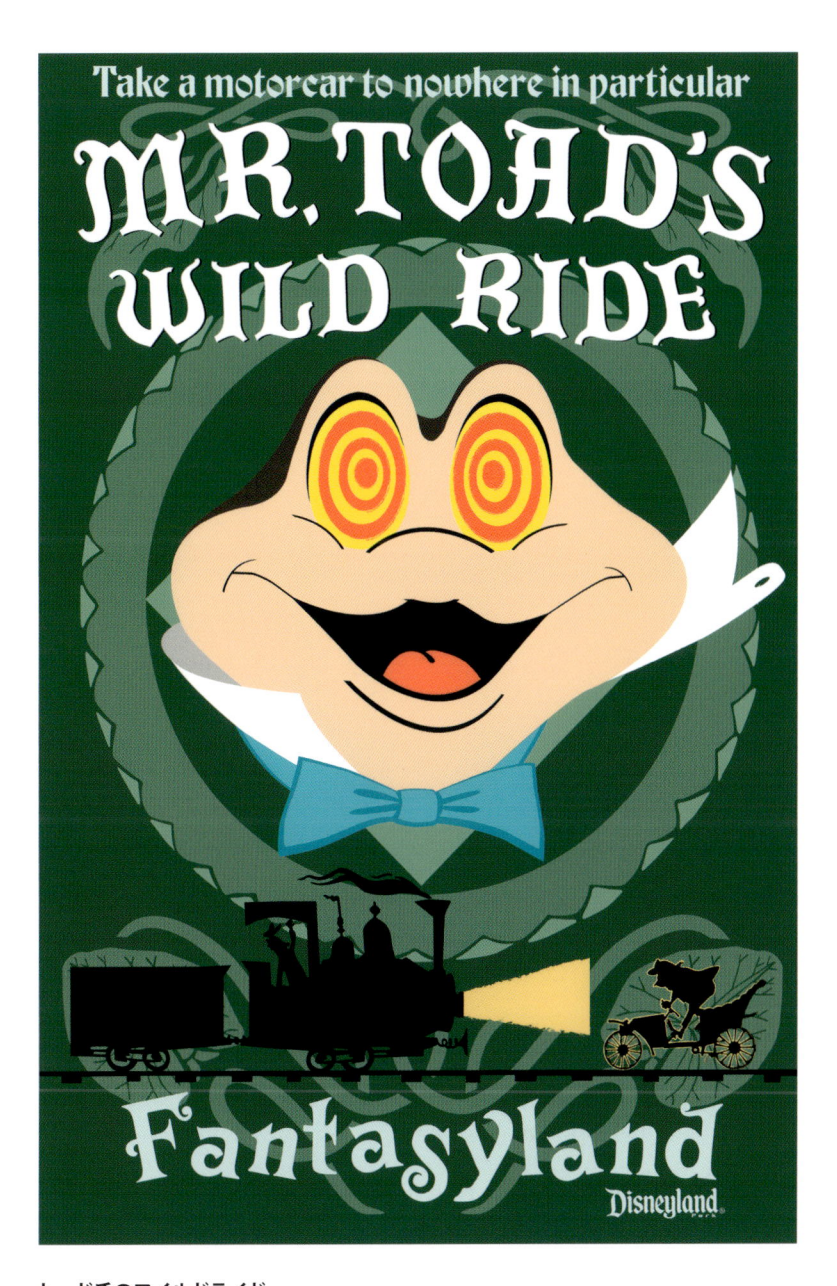

トード氏のワイルドライド
ディズニーランド
ダニー・ハンケ（2008）

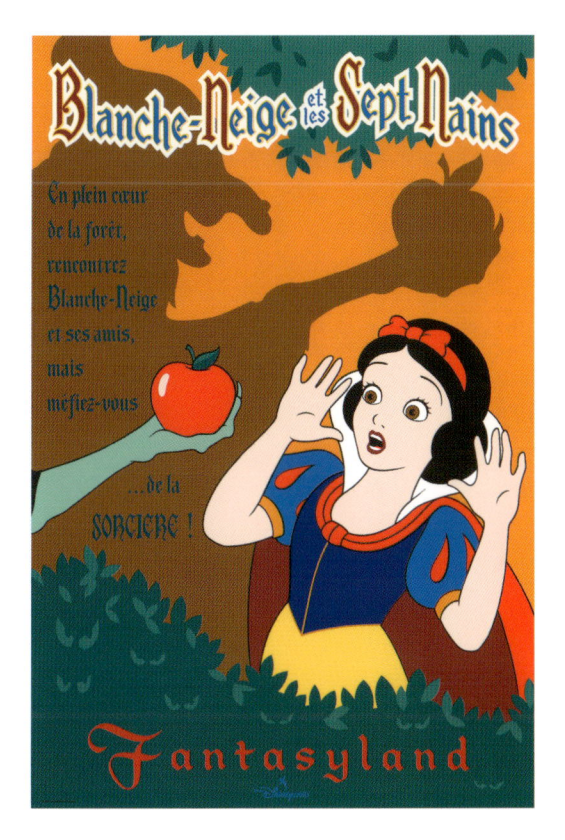

上：**白雪姫と七人のこびと**
ディズニーランド、ウォルト・ディズニー・ワールド、東京ディズニーランド
レティシア・レレヴィアー（1983）

下：**白雪姫と七人のこびと**
ディズニーランド・パリ
スティーヴ・カーギル、トム・モリス、トレーシー・トリナスト（1991）

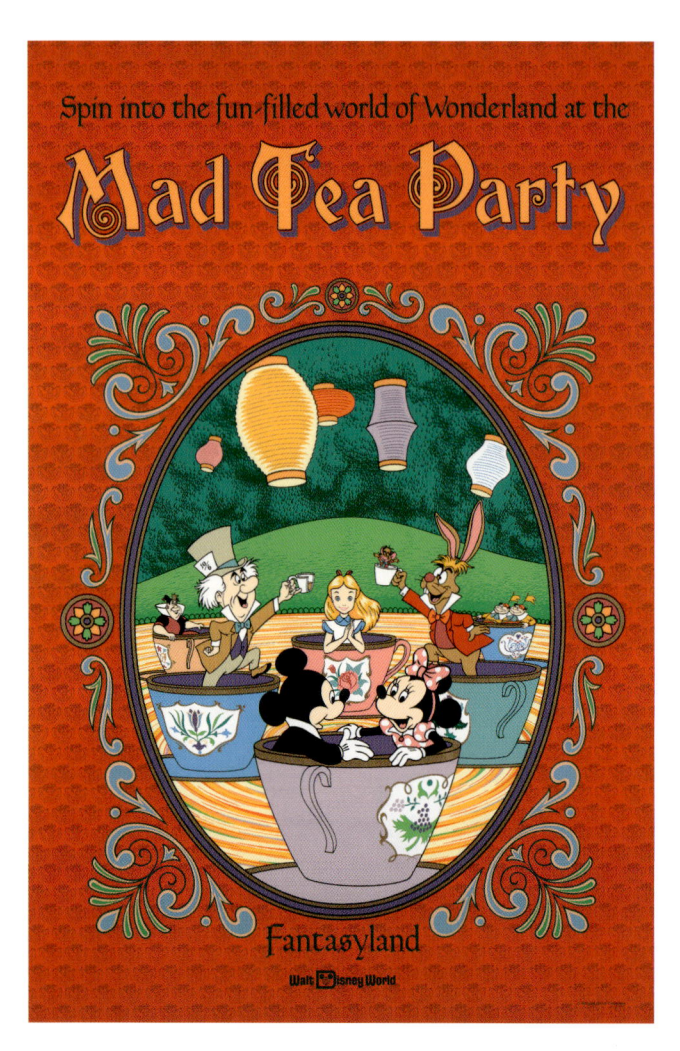

マッド・ティーパーティー
ディズニーランド、ウォルト・ディズニー・ワールド、東京ディズニーランド
ジョン・ドゥルーリー、グレッグ・ポール（1985）

マッド・ハッターのティーカップ
香港ディズニーランド
グレッグ・マレティック（2005）

「最初に仕上げた香港ディズニーランドのマッド・ハッターのティーカップのポスターでは、白うさぎは、わくわくとうれしそうに両手を上げていた。ところが、法律の問題を扱うスタッフに、『乗り物の外に手を出すのは危険なので困る』と言われた。『マッド・ハッターはティーカップの縁に立っていて乗り物の中にいないし、上着の袖から熱いお茶をカップに注いでいるよ』とぼくは答えた。彼に比べれば、白うさぎのしていることはかわいいものだと思った。すると『彼はマッドで、ふつうじゃないから』と言われた。そんなわけで、白うさぎは乗り物の外に手を出さないことになったんだ！」
——グレッグ・マレティック（グラフィック・デザイナー）

アリスのティーパーティー　東京ディズニーランド　クリストファー・スミス（1998）

ダンボ、マッド・ティーパーティー、カルーセル　ディズニーランド、ウォルト・ディズニー・ワールド　ビョルン・アロンソン（1955）

空飛ぶダンボ
ディズニーランド、東京ディズニーランド
レティシア・レレヴィアー（1983）

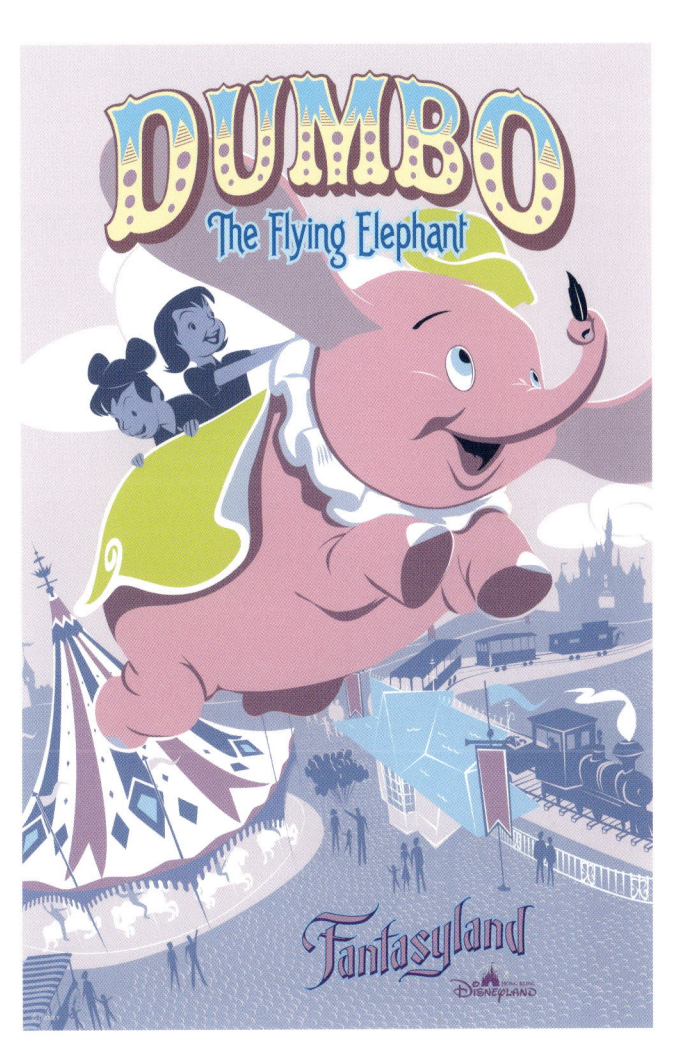

空飛ぶダンボ
香港ディズニーランド
グレッグ・マレティック（2005）

ピノキオの冒険旅行
ディズニーランド、東京ディズニーランド
ビル・ジャスティス（1983）

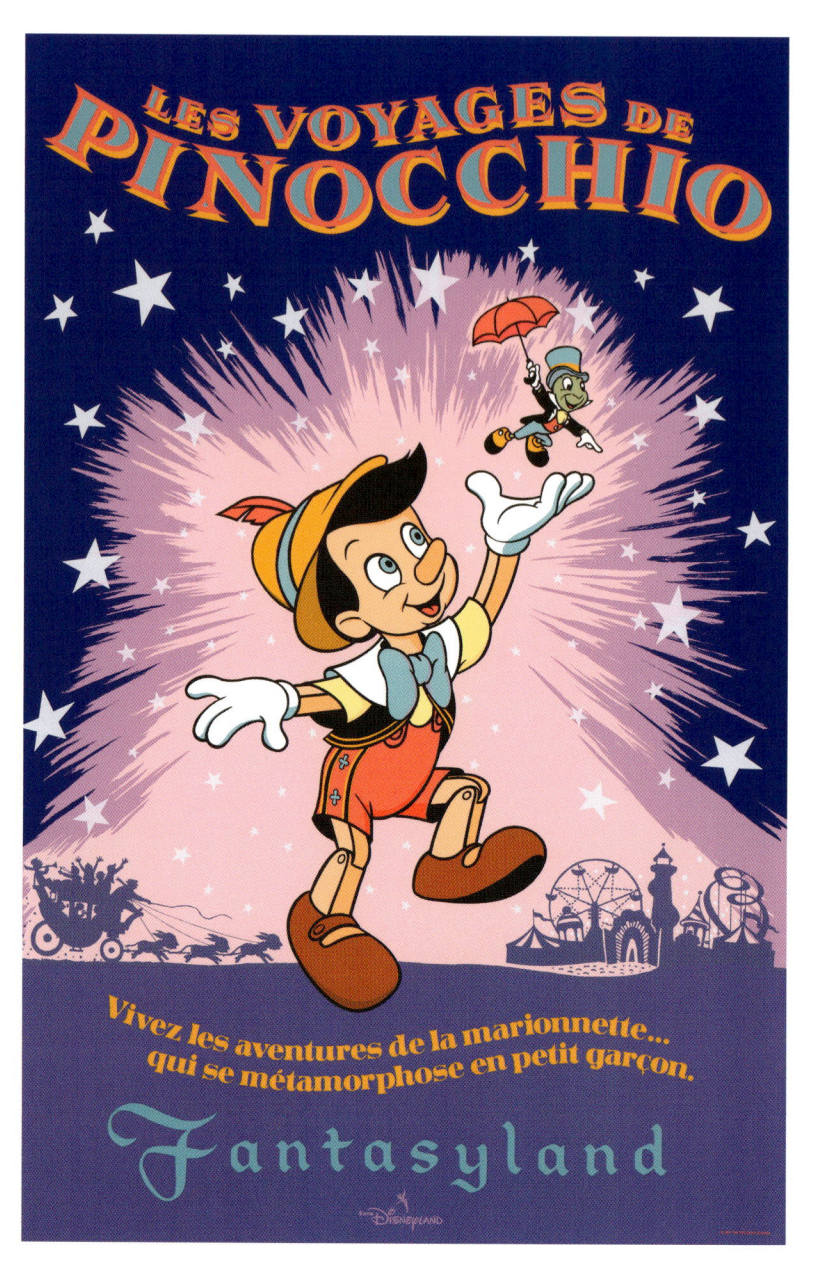

ピノキオの冒険旅行
ディズニーランド・パリ
スティーヴ・カーギル、トレーシー・トリナスト 改作（1992）

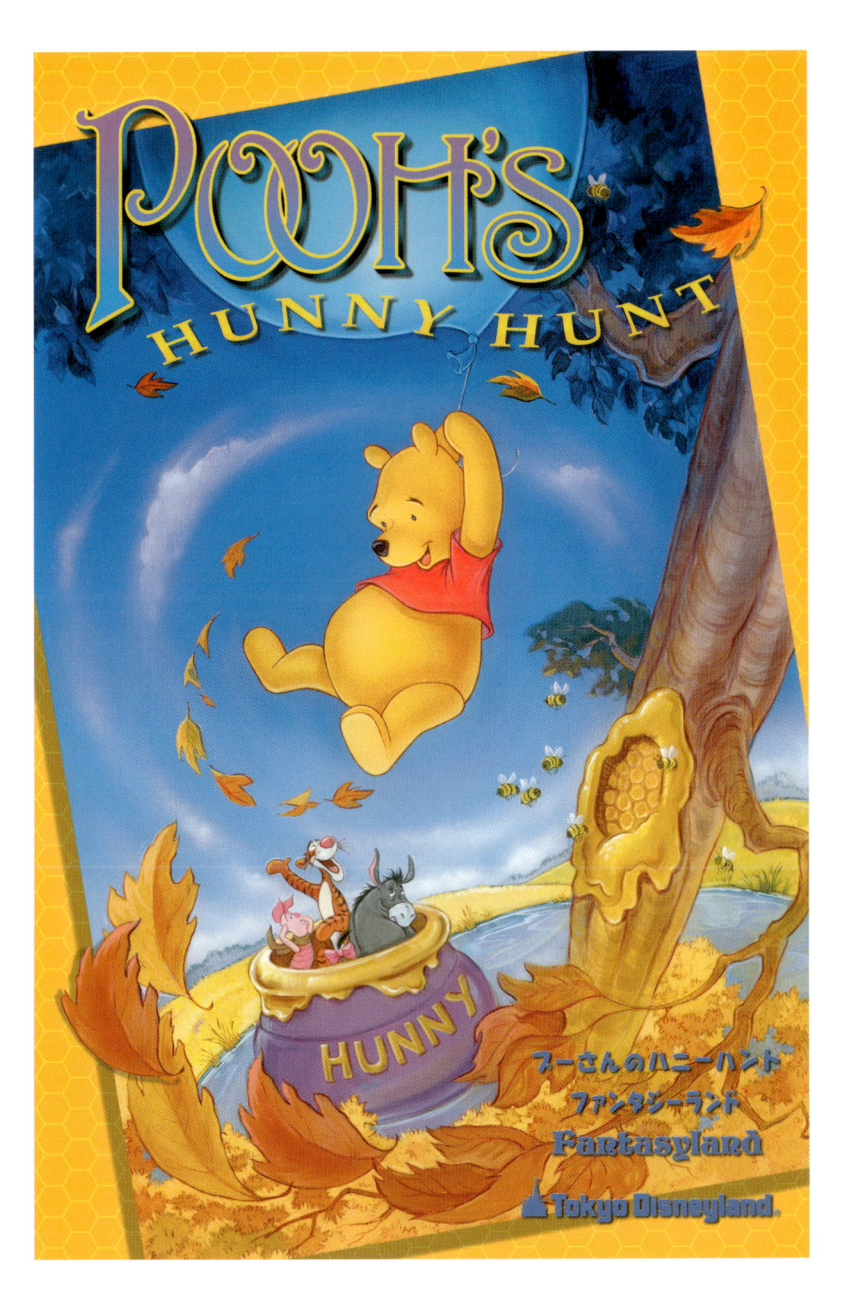

プーさんのハニーハント
東京ディズニーランド
ニーナ・レイ・ヴォーン、ヴィンス・ピーターセン（2000）

プーさんの冒険
香港ディズニーランド、ディズニーランド
グレッグ・マレティック（2005）

おとぎの国のカナルボート　ディズニーランド　ビョルン・アロンソン（1955）

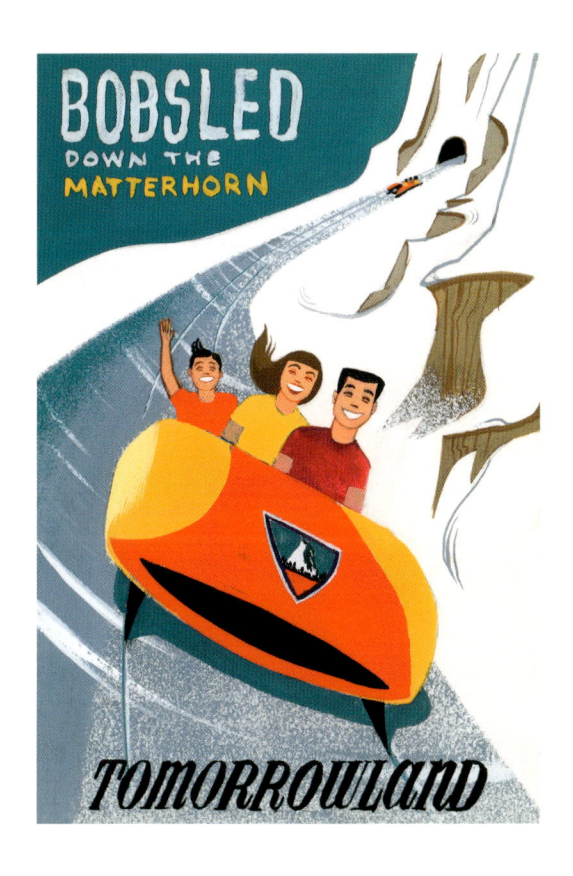

マッターホーン・ボブスレー（コンセプト・スケッチ）
ディズニーランド
ポール・ハートリー（1959）

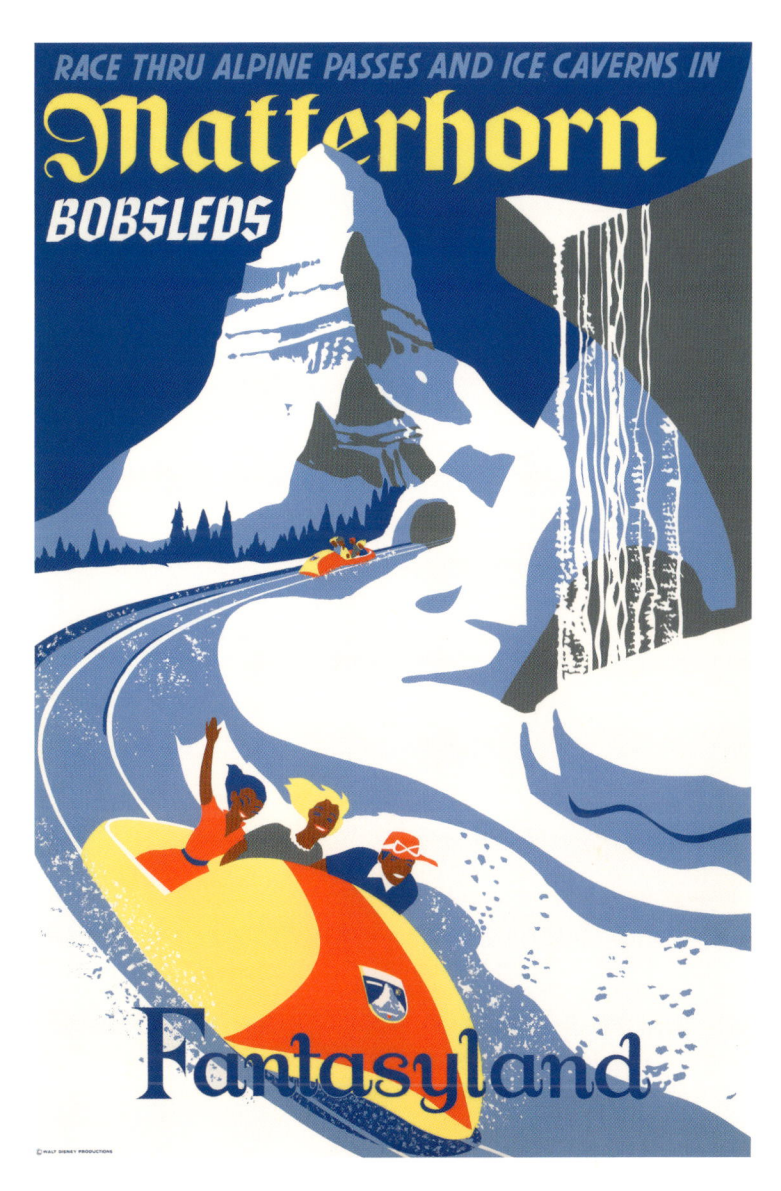

マッターホーン・ボブスレー
ディズニーランド
ポール・ハートリー（1959）

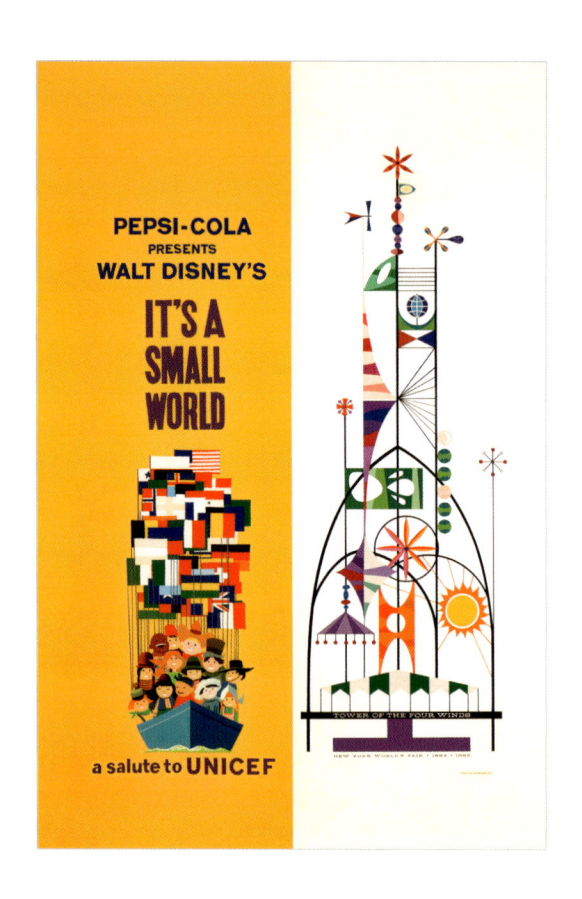

上：**イッツ・ア・スモールワールド**
ニューヨーク世界博覧会（1964–1965）
ポール・ハートリー（1963）

下：**イッツ・ア・スモールワールド**
ディズニーランド、ウォルト・ディズニー・ワールド、東京ディズニーランド
レティシア・レレヴィアー 改作（1983）

イッツ・ア・スモールワールド
ディズニーランド、ウォルト・ディズニー・ワールド
ポール・ハートリー（1966）

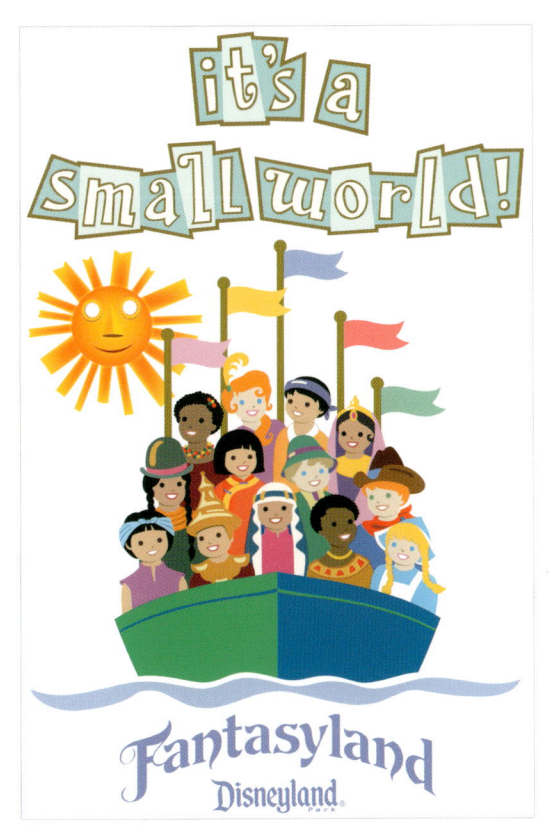

イッツ・ア・スモールワールド
香港ディズニーランド
ウィル・アイアーマン、グレッグ・マレティック（2008）

上：**イッツ・ア・スモールワールド**
ディズニーランド、ウォルト・ディズニー・ワールド、ディズニーランド・パリ
スティーヴ・カーギル、トレーシー・トリナスト 改作（1992）

下：**イッツ・ア・スモールワールド**
ディズニーランド
ダニー・ハンケ、アイリーン・シェ（2009）

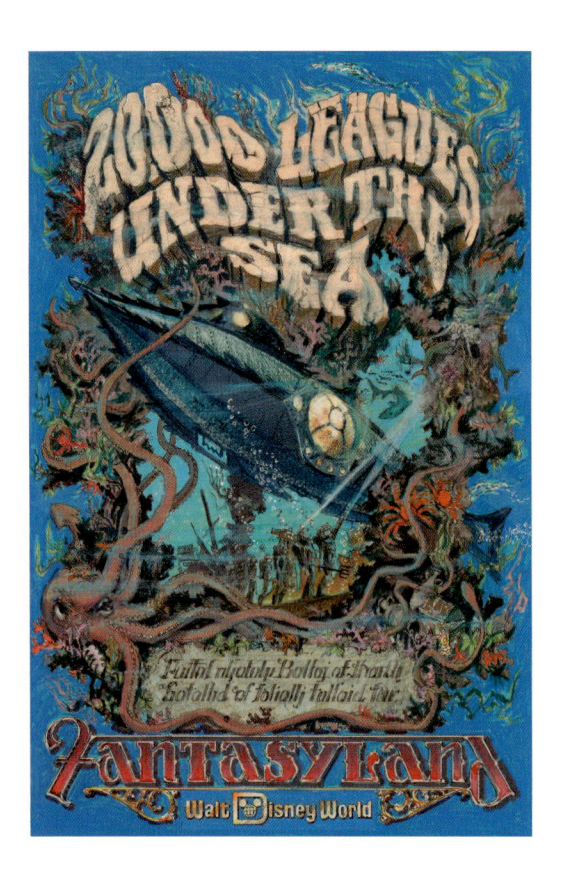

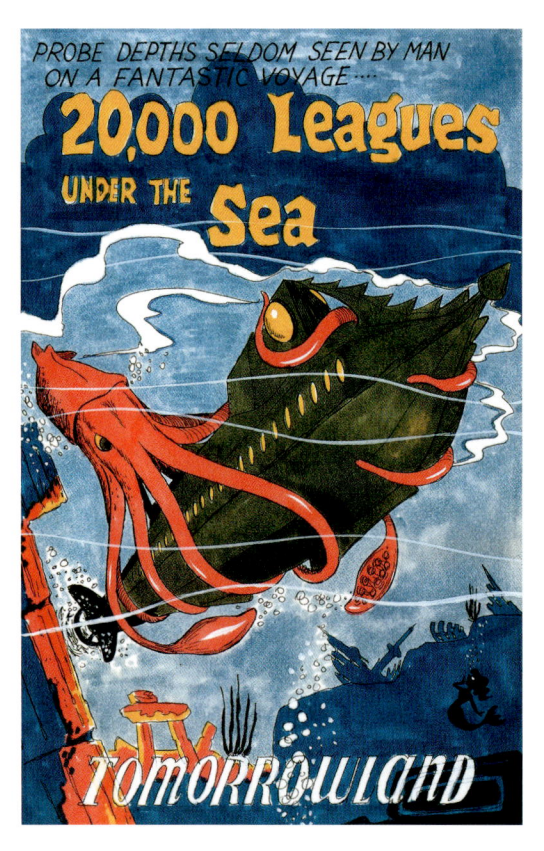

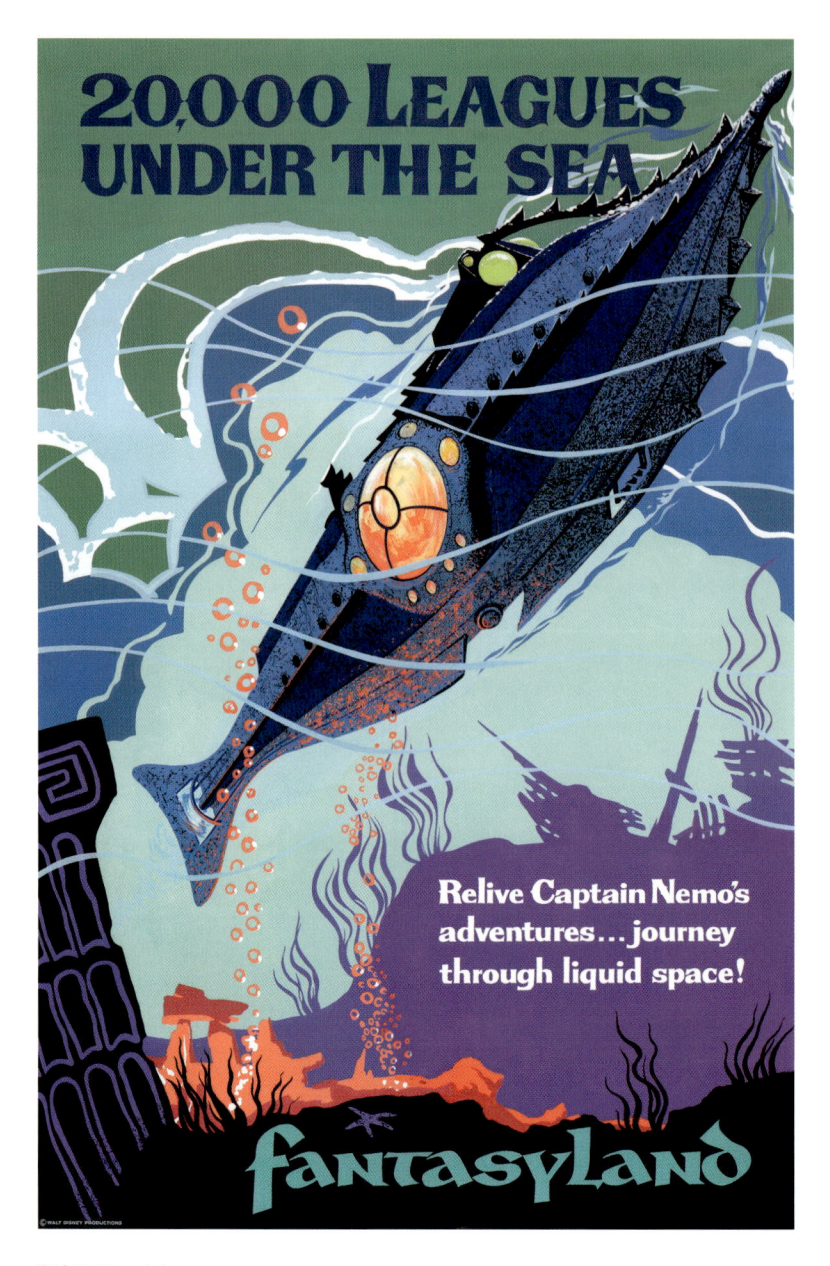

海底 2 万マイル
ウォルト・ディズニー・ワールド
リチャード・ヘブナー 改作（1971）

上：**海底 2 万マイル（コンセプト・スケッチ）**
ウォルト・ディズニー・ワールド
ジム・マイケルソン（1976）

下：**海底 2 万マイル（コンセプト・スケッチ）**
ウォルト・ディズニー・ワールド
作者不詳（1971）

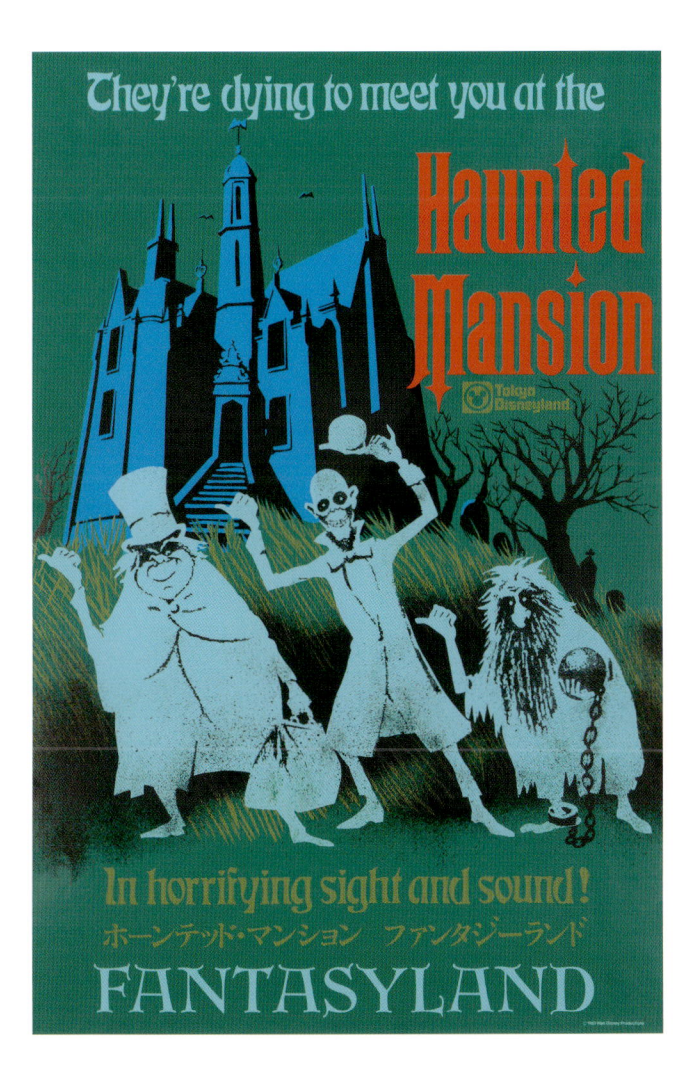

ホーンテッドマンション
東京ディズニーランド
ケン・チャップマン、マーク・デイヴィス（1983）

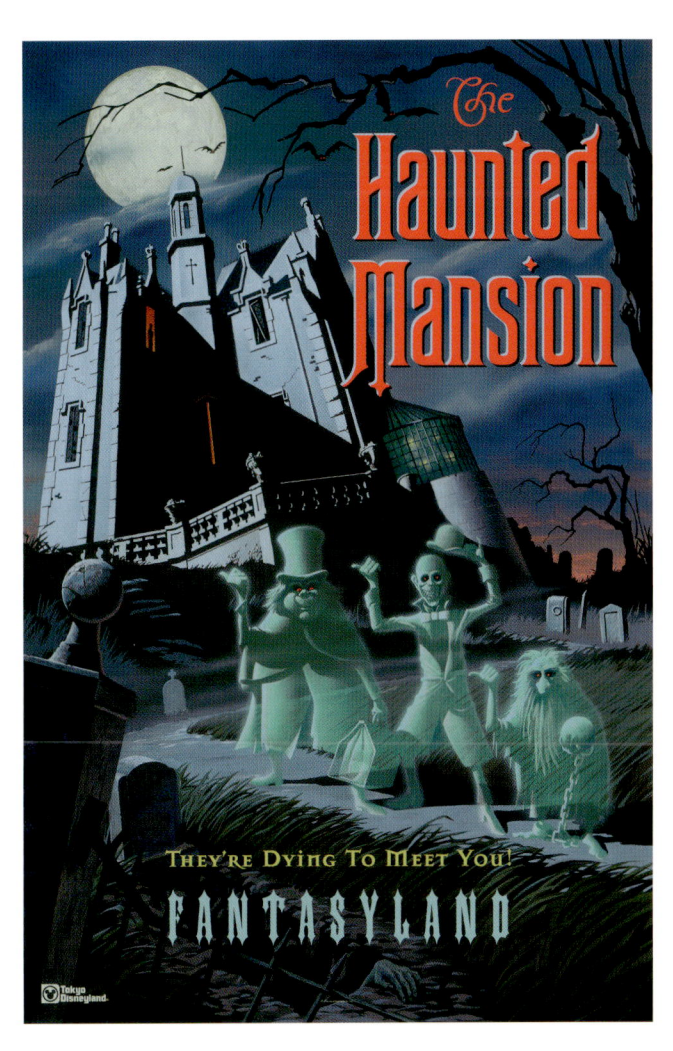

ホーンテッドマンション
東京ディズニーランド
ジョージ・ストークス、デビー・ロード（1998）

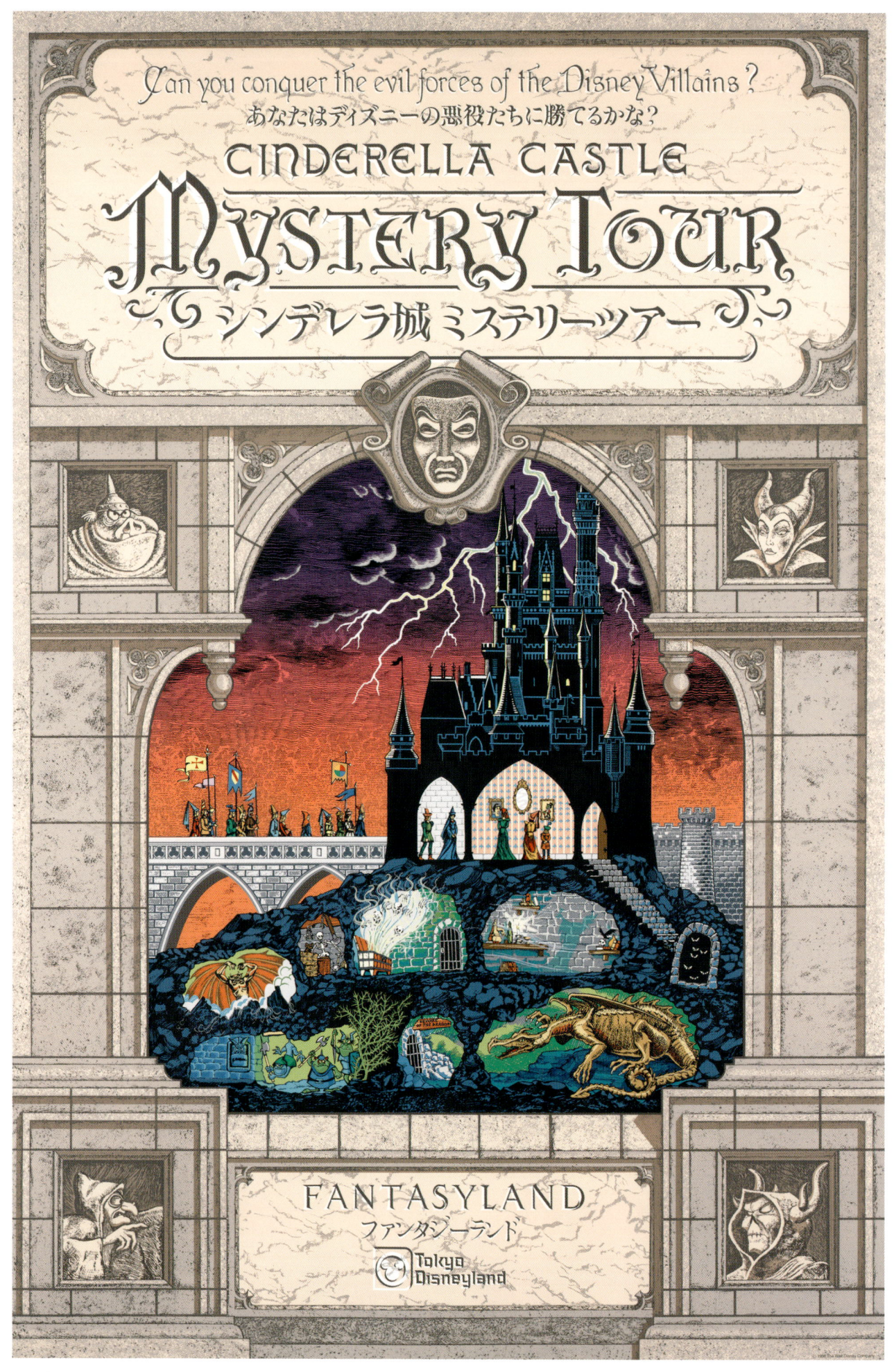

シンデレラ城ミステリーツアー　東京ディズニーランド　ジョン・ドゥルーリー、グレッグ・ポール（1986）

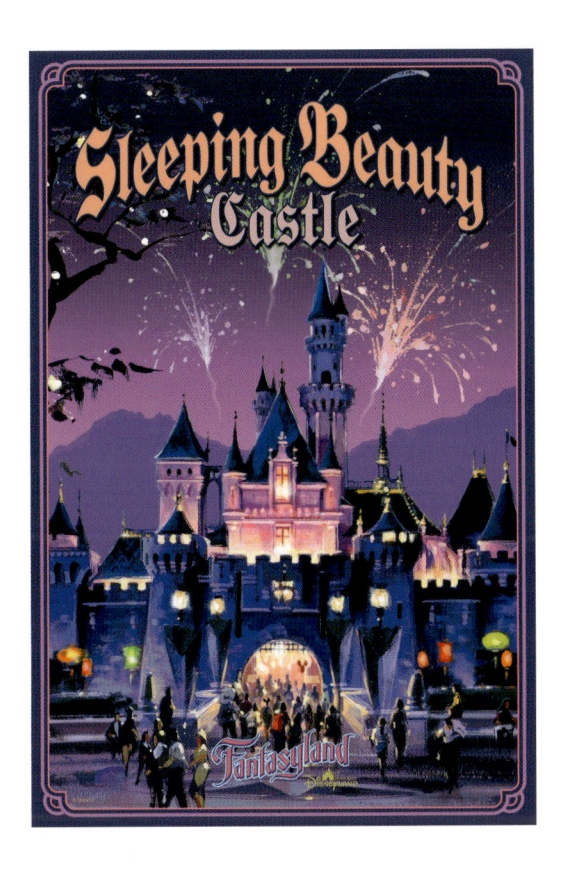

眠れる森の美女の城
ディズニーランド・パリ
トレーシー・トリナスト、トム・モリス（1992）

上：**眠れる森の美女の城**
香港ディズニーランド
クリストファー・スミス、ルイス・ルモイン（2005）

下：**"リメンバー：ドリーム・カム・トゥルー"
ファイヤーワークス・スペクタキュラー**
ディズニーランド
ルイス・ルモイン（2007）

85

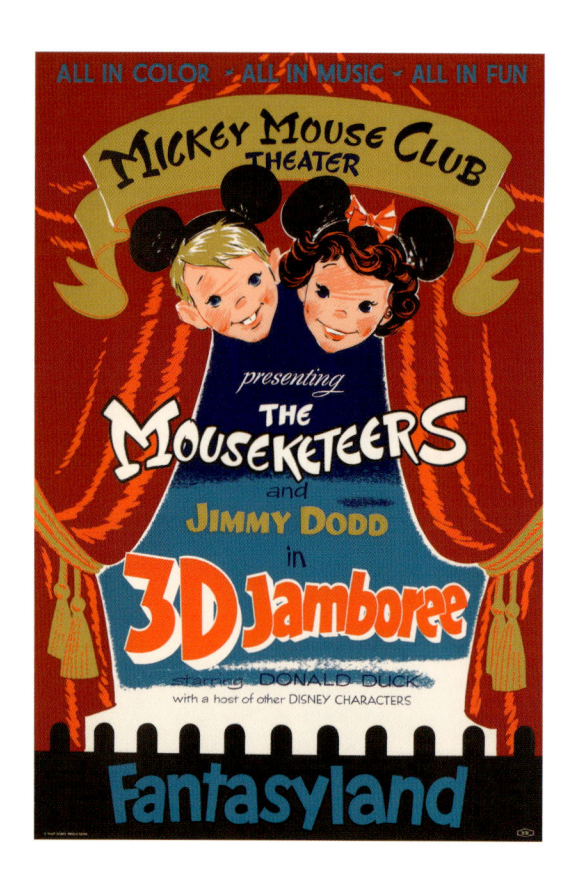

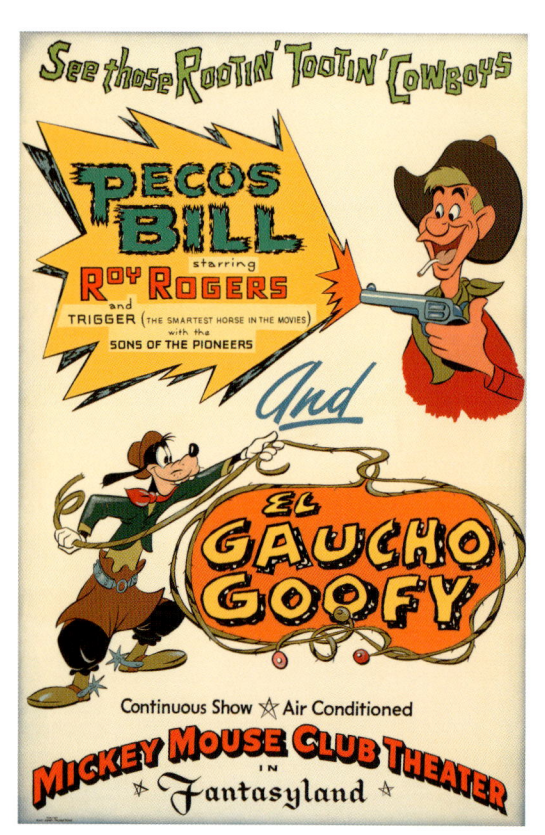

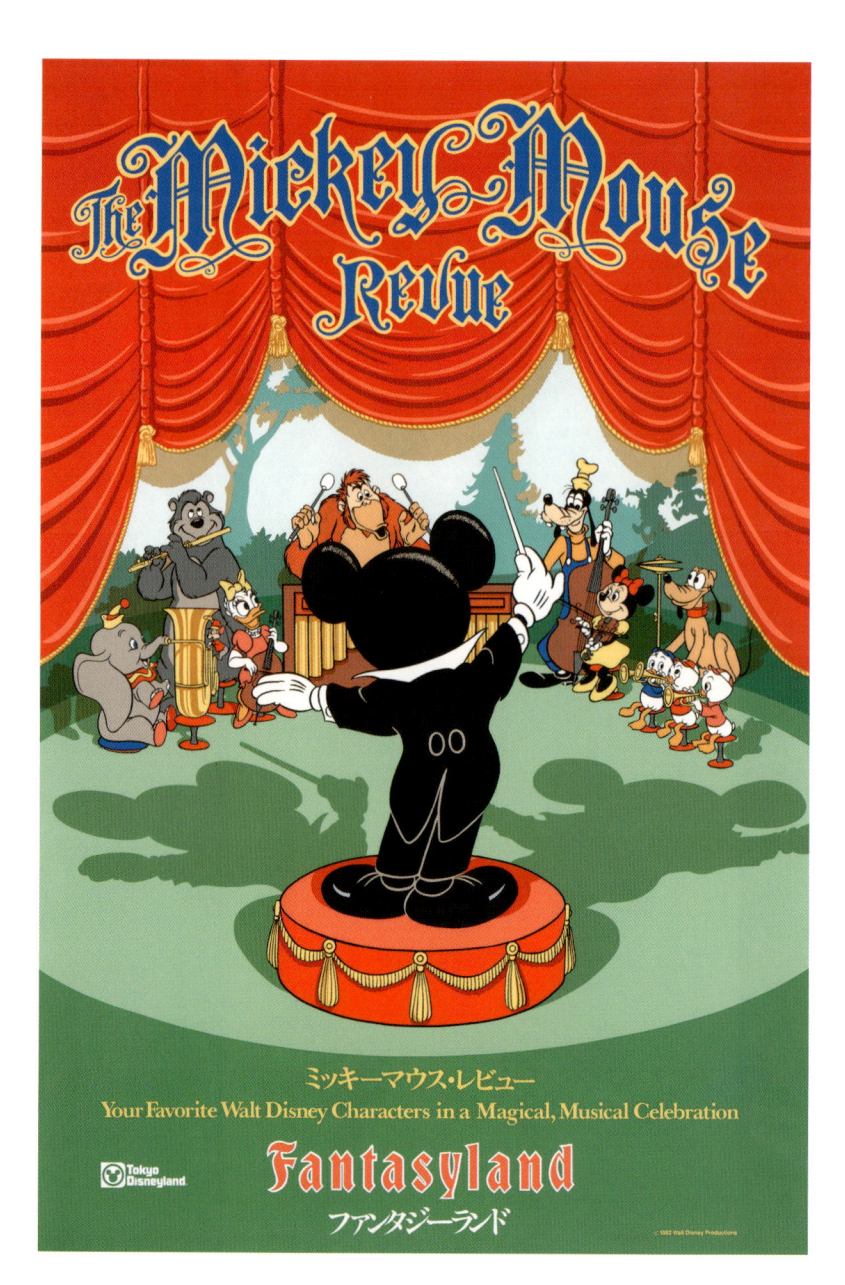

ミッキーマウス・レビュー
東京ディズニーランド
X・アテンシオ、レティシア・レレヴィアー（1983）

上：ミッキーマウス・クラブ・シアター ― 3Dジャンボリー
ディズニーランド
作者不詳（1955）

下：ミッキーマウス・クラブ・シアター ― ペコス・ビル、グーフィーのガウチョ
ディズニーランド
作者不詳（1955）

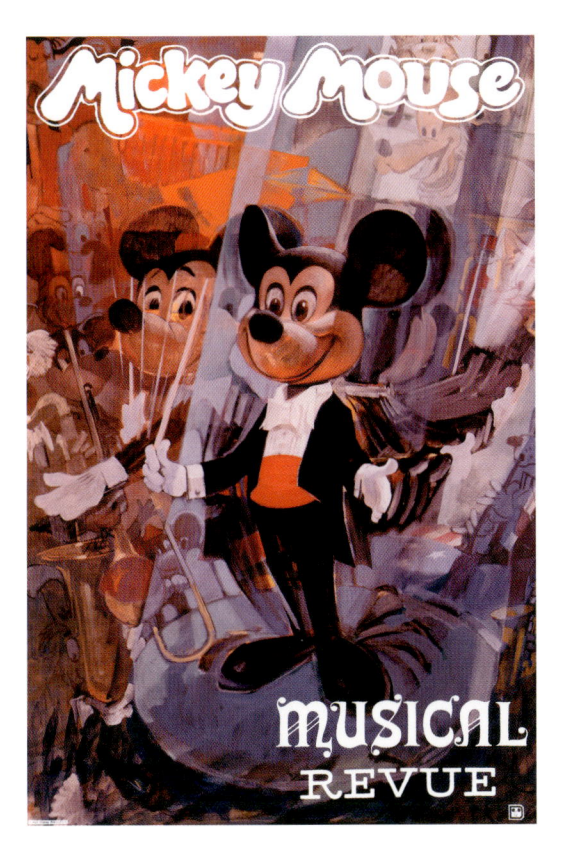

ミッキーマウス・レビュー
ウォルト・ディズニー・ワールド
ジョン・デキュア・シニア、デイヴィッド・ネグロン（1971）

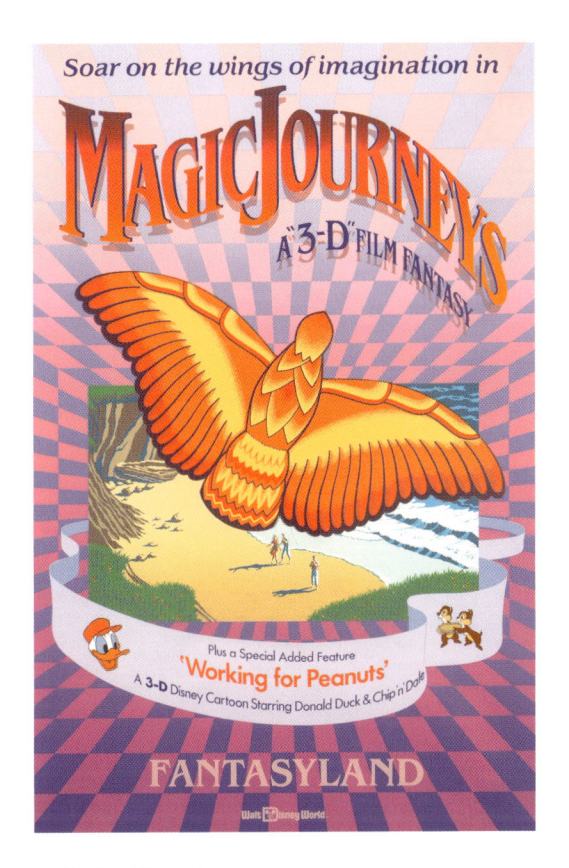

マジック・ジャーニー
ウォルト・ディズニー・ワールド
グレッグ・ポール、ノーム・イノウエ、ミミ・シーアン（1987）

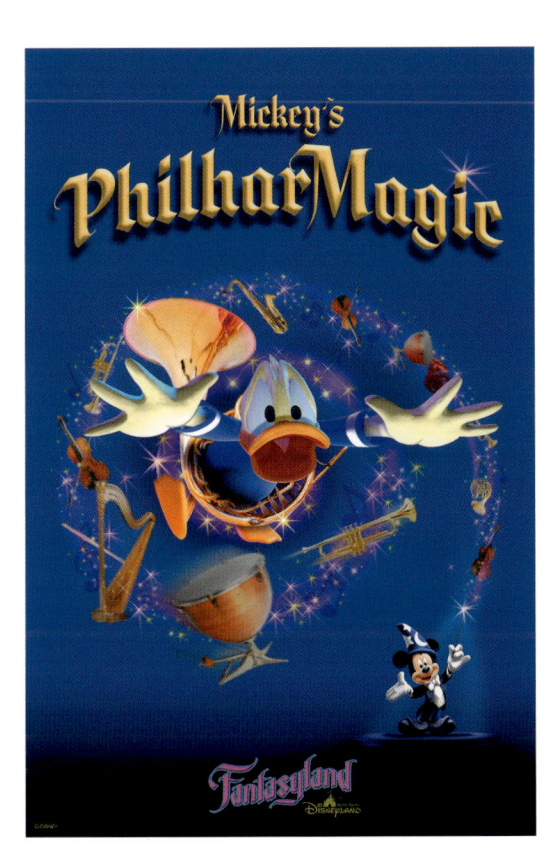

ミッキーのフィルハーマジック
ウォルト・ディズニー・ワールド、香港ディズニーランド、東京ディズニーランド
ジョージ・スクリブナー、スコット・レン（2005）

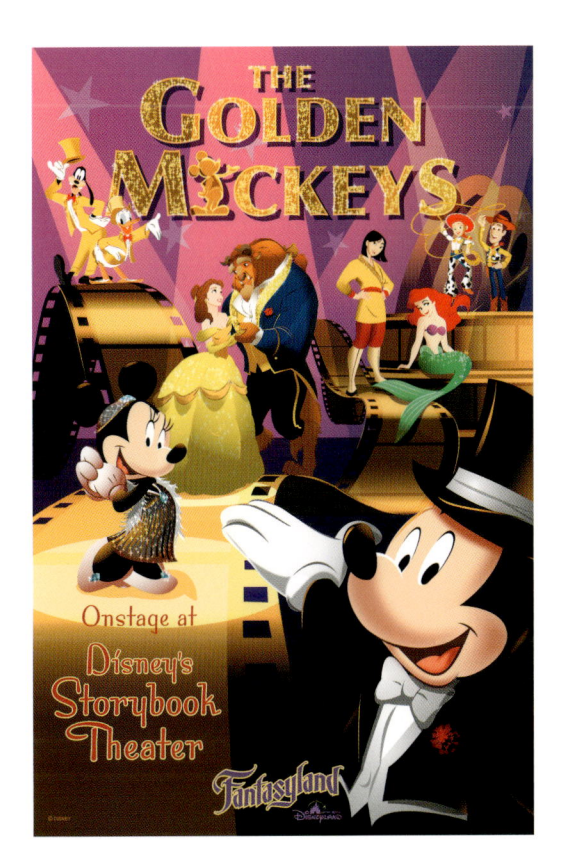

ディズニー・ストーリーブック・シアター ── ゴールデン・ミッキー
香港ディズニーランド
グレッグ・マレティック（2005）

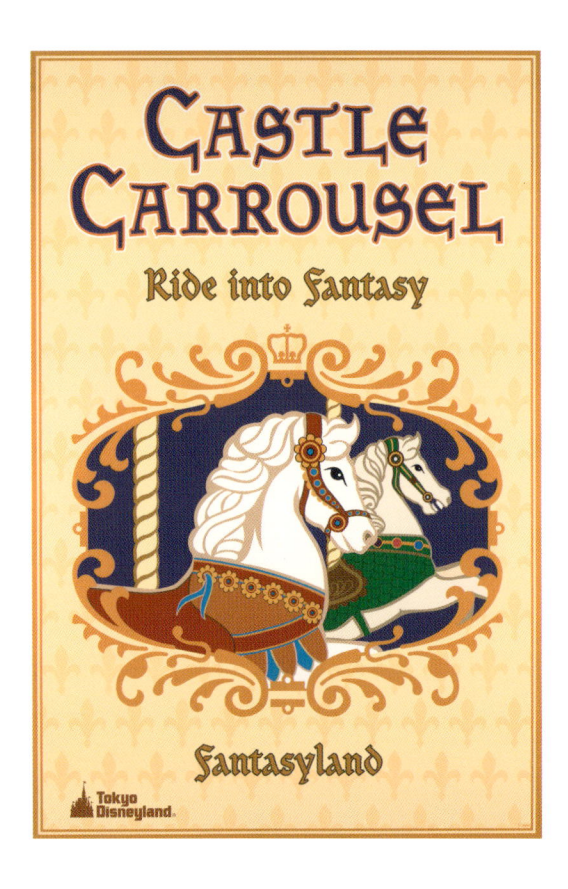

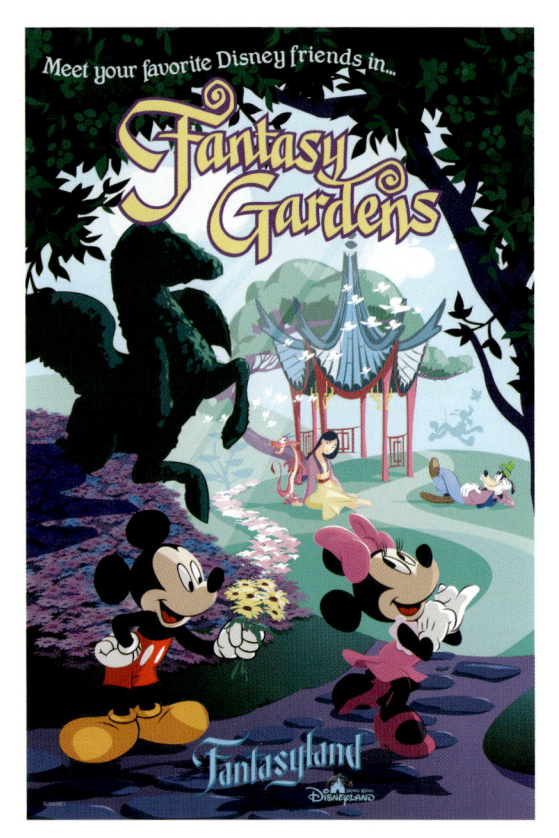

ロイヤル・バンケットホール
香港ディズニーランド
グレッグ・マレティック（2005）

上：**キャッスルカルーセル**
東京ディズニーランド
レティシア・レレヴィアー（2001）

下：**ファンタジー・ガーデン**
香港ディズニーランド
グレッグ・マレティック（2005）

トゥーンタウン 東京ディズニーランド マルチェロ・ヴィナーリ、アンドレア・ホン（1995）

新しいトゥモローランド　ウォルト・ディズニー・ワールド　ジョージ・ストークス、アン・トライバ（1995）

CHAPTER 7
TOMORROWLAND

――― 第7章　トゥモローランド ―――

　驚くべきアイデアに満ちた世界に目を向け、人類の偉業を称えよう。そして未来に踏み出そう。来るべき時代は、意義あるものになるはずだ。未来は、科学や冒険や理想の新たな可能性を切り拓く。いかにも、未来は原子力の時代だ。宇宙への挑戦がなされ、世界全体が平和になるだろう。

――ウォルト・ディズニー

　未来のイメージをヒントにしたトゥモローランドは、宇宙船や潜水艦などの「未来の乗り物に今乗れる」場所で、常に進化している。空想を現実のものにする新しいアイデアによって、斬新なアトラクションが次々と作り出されているのだ。トゥモローランドを訪れる人たちは、こうした新しいアトラクションで、楽しいひと時を過ごすことができる。

　常に進化を遂げるトゥモローランドからは、多種多様なポスターも作り出されている。

　1950年代のポスターは、構図こそシンプルであるが、人目を引くものであった。例えば、「海底2万マイル」の巨大なイカや、「ロケット・トゥ・ザ・ムーン」のロケットには、思わず見入ってしまう。

　1960年代のポスターは、ある程度型にはめられ、抽象的になる。「アドベンチャー・スルー・インナースペース」の原子の図や、「カルーセル・オブ・プログレス」の舞台セットの図には、その特徴が表れている。

　1970年代から1990年代になると、以前にまして、想像力に満ちあふれたものとなる。「スペース・マウンテン」や「スター・ツアーズ」のポスターは、芸術的な手法によって、トゥモローランドの世界を鮮やかに描き上げている。そして近年は、過去の作品に影響を受けたものが見られる。「オートピア」「ファインディング・ニモ・サブマリン・ヴォヤッジ」「ディズニーランド・モノレール・マークⅦ」などは、明らかにひと昔前のポスターをイメージしている。

　例えば、2008年制作の「ディズニーランド・モノレール・マークⅦ」は、1959年の「ディズニーランド・モノレール」から構図上のヒントを得ている。オリジナルのポスターは、現在のトゥモローランドには古めかしいと思われてしまうかもしれない。そこで後年のポスターにはデジタルペイントの手法が施され、マークⅦの光り輝く洗練された現代的イメージが強調されている。

　スペース・マウンテンのようなアトラクションは、長年にわたり、新しいデザインのポスターが何度も制作されている。一方、スペース・ステーションX-1のようにあまり目立たないアトラクションは、時代が経ってもポスターのデザインは変わらない。トゥモローランドのこうしたアトラクション・ポスターは、各時代を映し出すタイムカプセルだ。それだけでなく、「とても広大で美しい未来の世界」を称える豪華な作品にもなっている。

　トゥモローランドは、SFの影響を強く受けている。ディズニーランド・パリの「ビデオポリス」「オービトロン」「スペース・マウンテン――月世界旅行」のポスターは、そのアトラクションの内容がひと目でわかるだけでなく、美しい芸術作品になっている。まるでジュール・ヴェルヌのSF小説の一場面を見るかのようだ。

　SFは、世界各地のトゥモローランドの共通テーマだ。ここからおなじみのキャラクターも生まれている。

　バズ・ライトイヤーのアストロブラスターのアトラクションでは、バズ・ライトイヤーとともに、悪の帝王ザーグと宇宙で戦うことになる。

　香港ディズニーランドのスティッチ・エンカウンターは、エイリアンのスティッチと会話できる人気アトラクションだ。

　東京ディズニーランドのモンスターズ・インク"ライド＆ゴーシーク！"は、いわば「かくれんぼゲーム」で、ゲストはフラッシュライトを照らしながら、マイクやサリーと一緒に楽しむことになる。

　こうしたキャラクターは科学技術が作り上げたにしろ、SFの世界から生まれたにしろ、ここトゥモローランドでは紛れもなく現実のキャラクターだ。

海底2万マイル　ディズニーランド　ビョルン・アロンソン（1955）

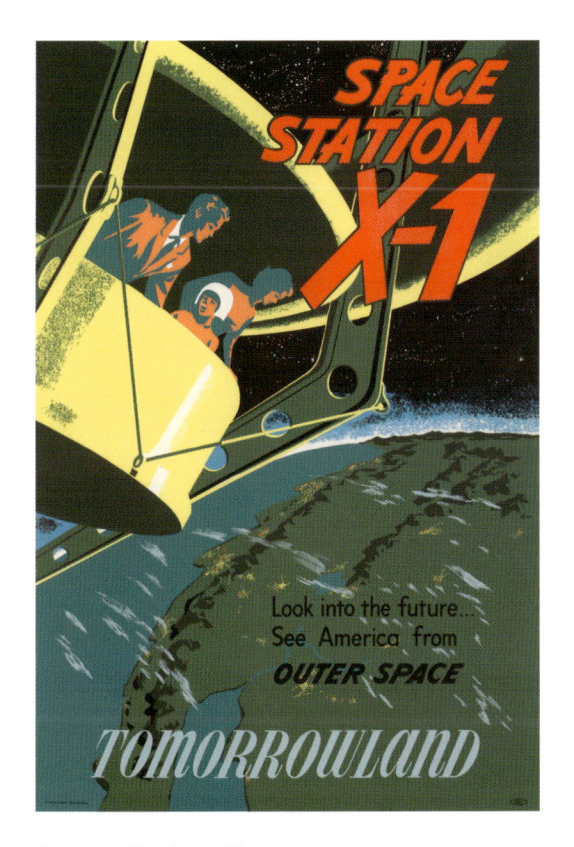

上：**フライト・トゥ・ザ・ムーン**
ディズニーランド、ウォルト・ディズニー・ワールド
ケン・チャップマン（1967）

下：**スペース・ステーションX-1**
ディズニーランド
ビョルン・アロンソン（1955）

ロケット・トゥ・ザ・ムーン
ディズニーランド
ビョルン・アロンソン（1955）

スカイウェイ
ディズニーランド、ウォルト・ディズニー・ワールド
ビョルン・アロンソン（1956）

スカイウェイ
東京ディズニーランド
ルディ・ロード（1983）

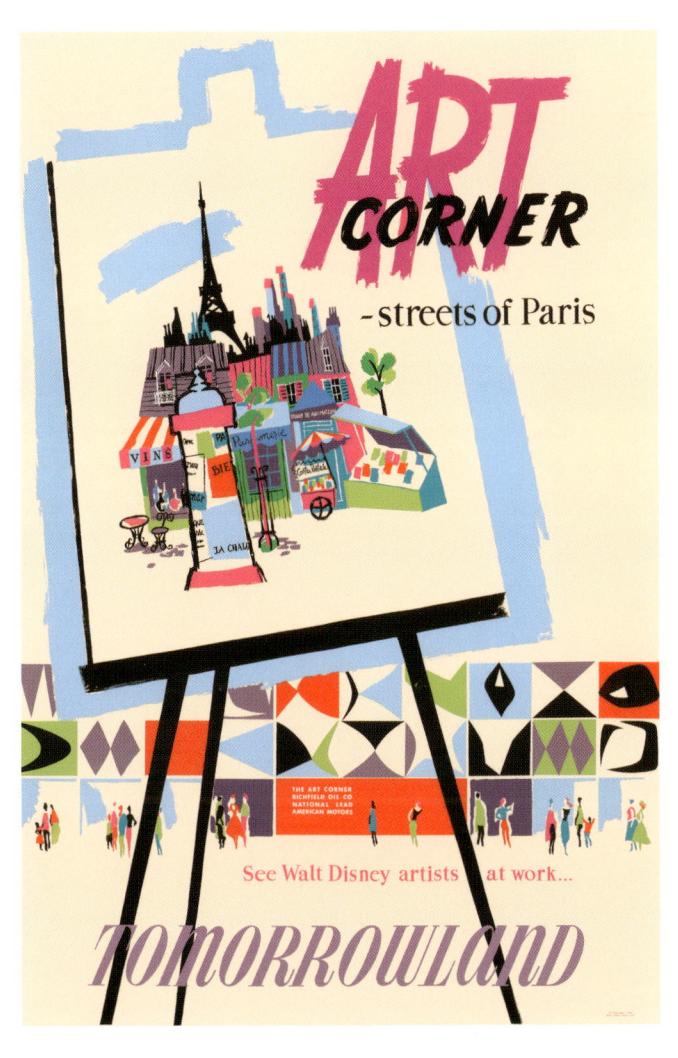

アート・コーナー
ディズニーランド
ビョルン・アロンソン（1956）

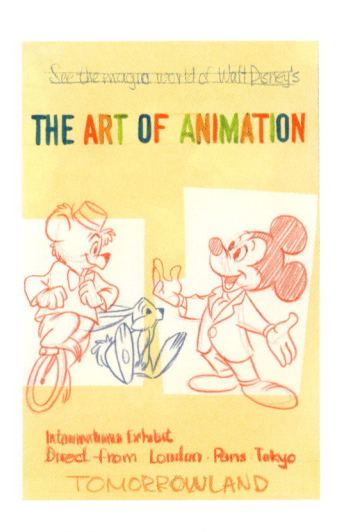

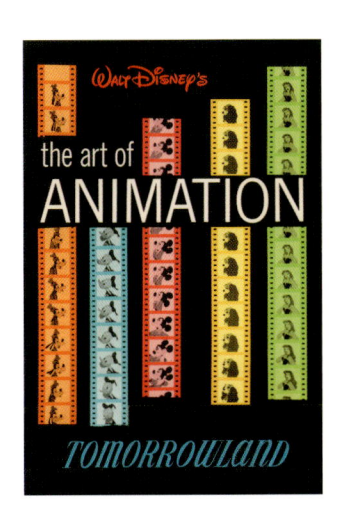

上、右上：**アート・オブ・アニメーション（コンセプト・スケッチ）**
ディズニーランド
ポール・ハートリー（1960）

右下：**アート・オブ・アニメーション**
ディズニーランド
ポール・ハートリー（1960）

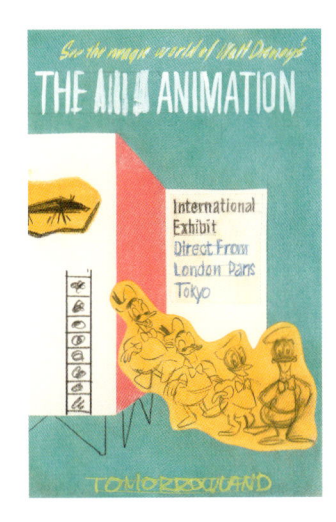

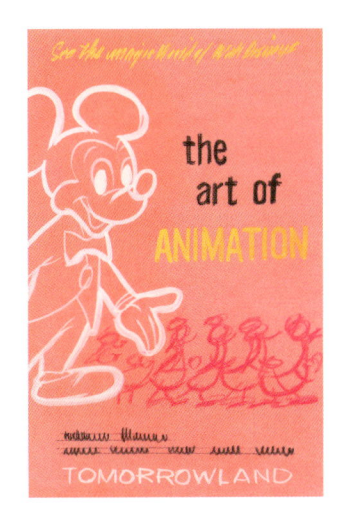

95

「ジョン・ヘンチに、フライング・ソーサーのポスターを描いてほしい、と頼まれたんだ。そんなある日、ウォルト・ディズニーがわたしのスケッチを見て、『これがポスターなの？　このスケッチが？』とたずねたんだ。『これが自分のスタイルです』とわたしは答えた。するとウォルトは、『なるほど、いいね』と言ってくれた。そのまま続けるようにと勧めてもくれたよ。ウォルトという人は、そのプロジェクトにふさわしければ、アーティストの独創性を認めてくれるんだ。メアリー・ブレアの型破りな画風も気に入っていたようだね。このポスターをわたしが描いたことを知っている人はあまりいないが、仕上がりにはとても満足している」
──ローリー・クランプ（デザイナー、ディズニー・レジェンド）

フライング・ソーサー　ディズニーランド　ローリー・クランプ（1961）

アドベンチャー・スルー・インナースペース　ディズニーランド　ジョン・ドゥルーリー（1967）

オートピア
ディズニーランド
ビョルン・アロンソン（1955）

グランプリ・レースウェイ
ウォルト・ディズニー・ワールド
リチャード・ヘブナー 改作（1971）

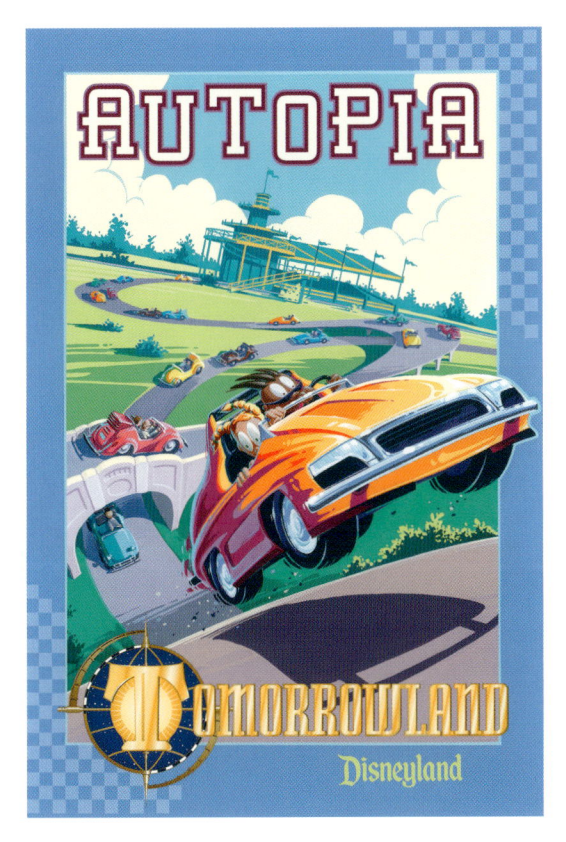

オートピア
ディズニーランド
クリストファー・スミス（2000）

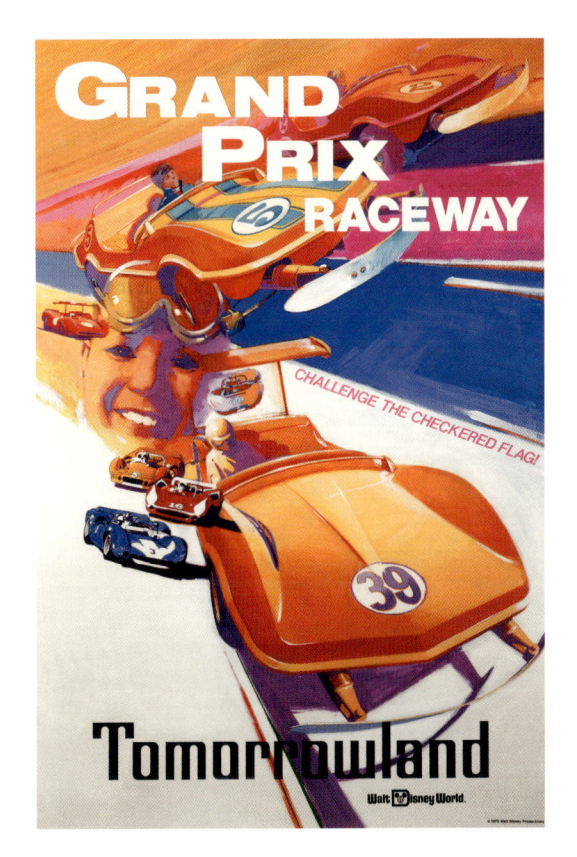

グランプリ・レースウェイ
ウォルト・ディズニー・ワールド
リチャード・ヘブナー（1978）

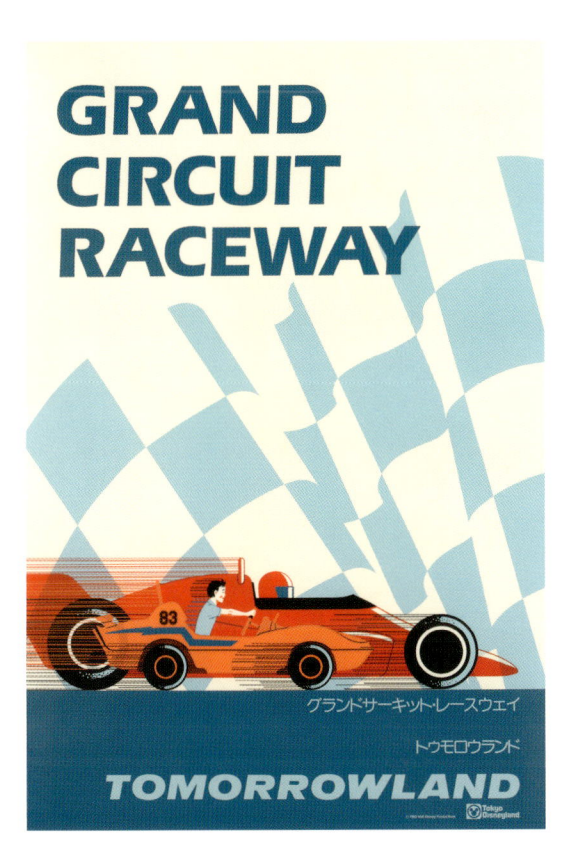

グランドサーキット・レースウェイ
東京ディズニーランド
ジョン・ドゥルーリー（1983）

オートピア
香港ディズニーランド
ティム・ディレイニー、クレイグ・タダキ、ルイス・ルモイン（2006）

アストロジェット　ディズニーランド　ビョルン・アロンソン（1956）

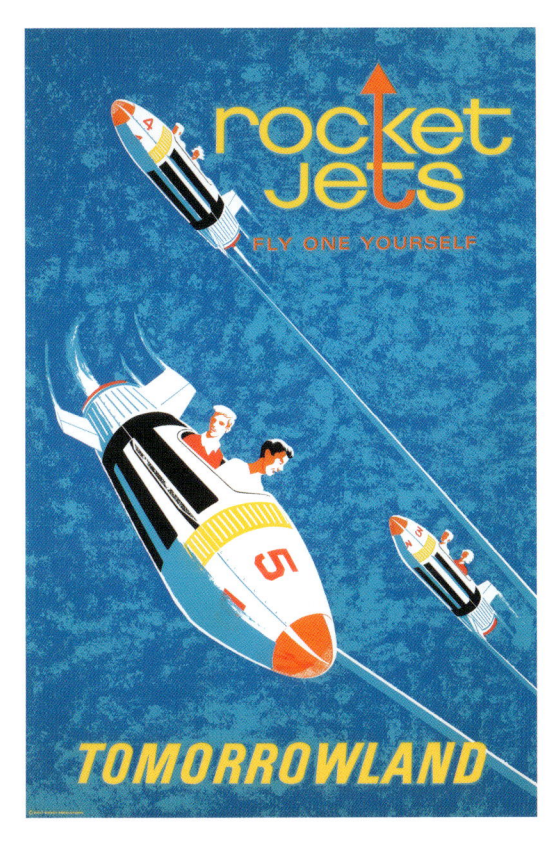

ロケットジェット
ディズニーランド
ケン・チャップマン（1967）

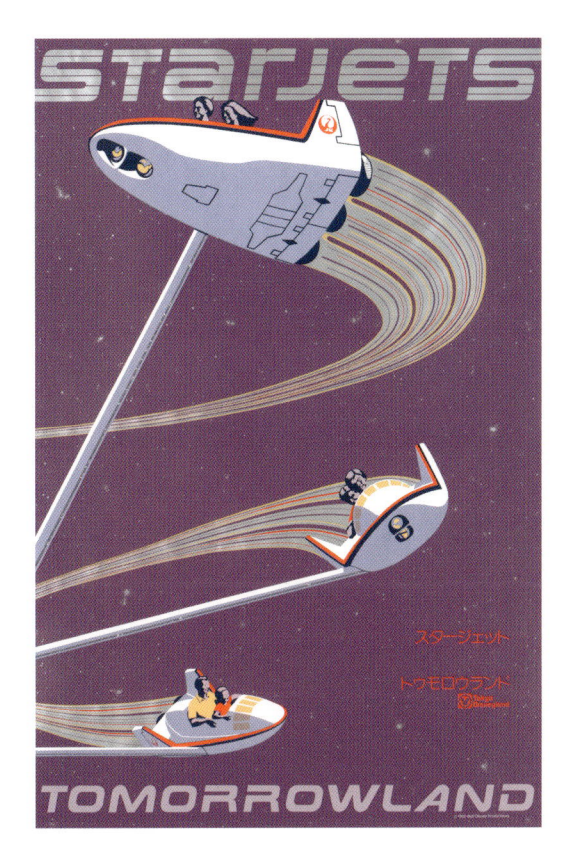

スタージェット
東京ディズニーランド
ミミ・シーアン（1983）

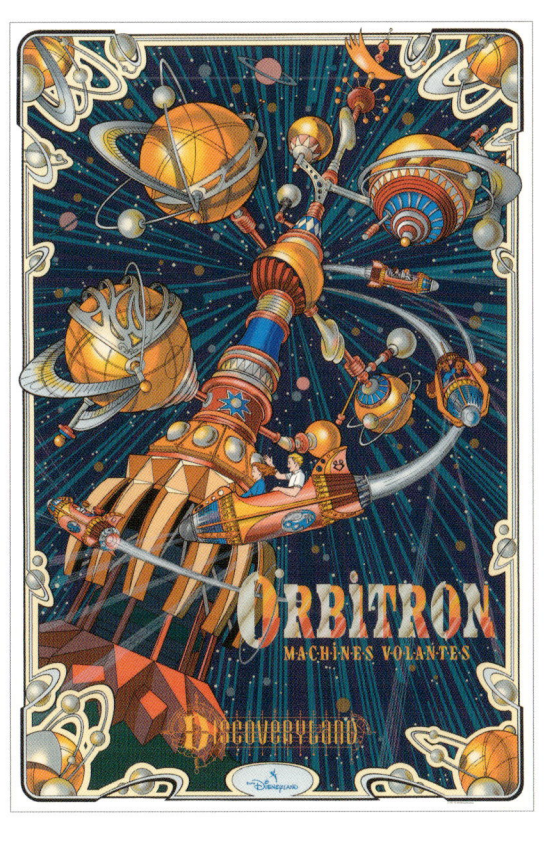

オービトロン
ディズニーランド・パリ
ティム・ディレイニー、ジム・マイケルソン（1991）

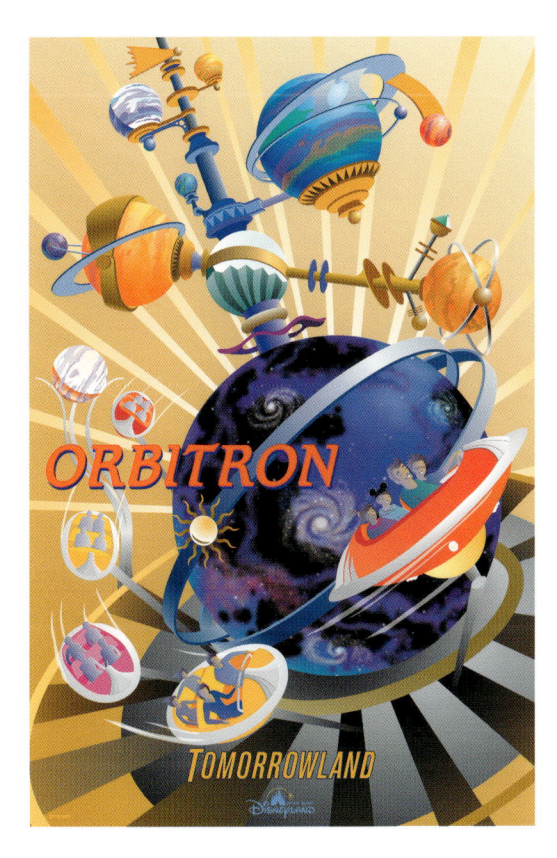

オービトロン
香港ディズニーランド
ティム・ディレイニー、ポール・ノヴァチェック（2005）

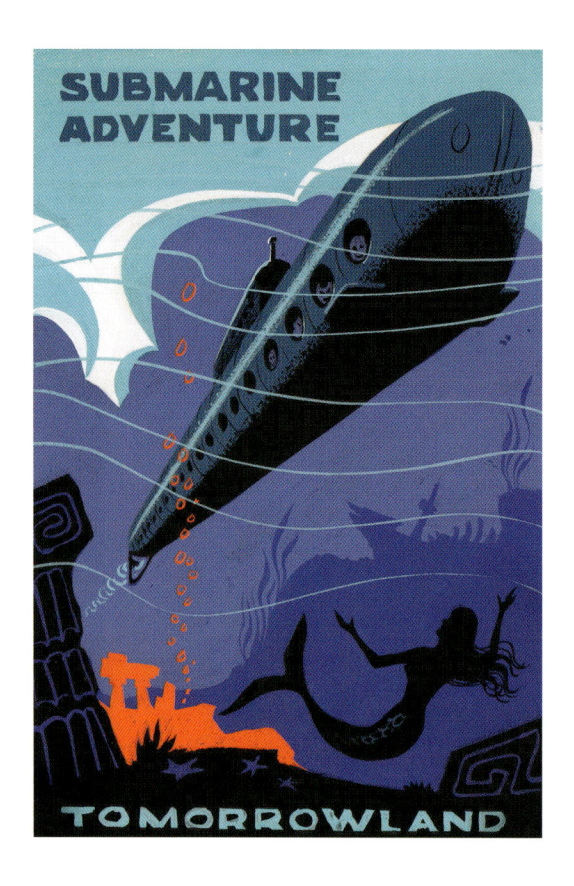

サブマリン・ヴォヤッジ（コンセプト・スケッチ）
ディズニーランド
作者不詳（1959）

サブマリン・ヴォヤッジ
ディズニーランド
サム・マッキム（1959）

ファインディング・ニモ・サブマリン・ヴォヤッジ　ディズニーランド　ラルフ・エグルストン、ジョアンナ・ハマグチ（2007）

ディズニーランド・モノレール
ディズニーランド
ポール・ハートリー（1961）

上：ディズニーランド・モノレール（コンセプト・スケッチ）
ディズニーランド
作者不詳（1959）

下：ウォルト・ディズニー・ワールド・モノレール・システム
ウォルト・ディズニー・ワールド
コリン・キャンベル 改作（1971）

ディズニーランド・モノレール・マークⅦ　ディズニーランド　スコット・ドレーク（2008）

カルーセル・オブ・プログレス　ディズニーランド　ケン・チャップマン（1967）

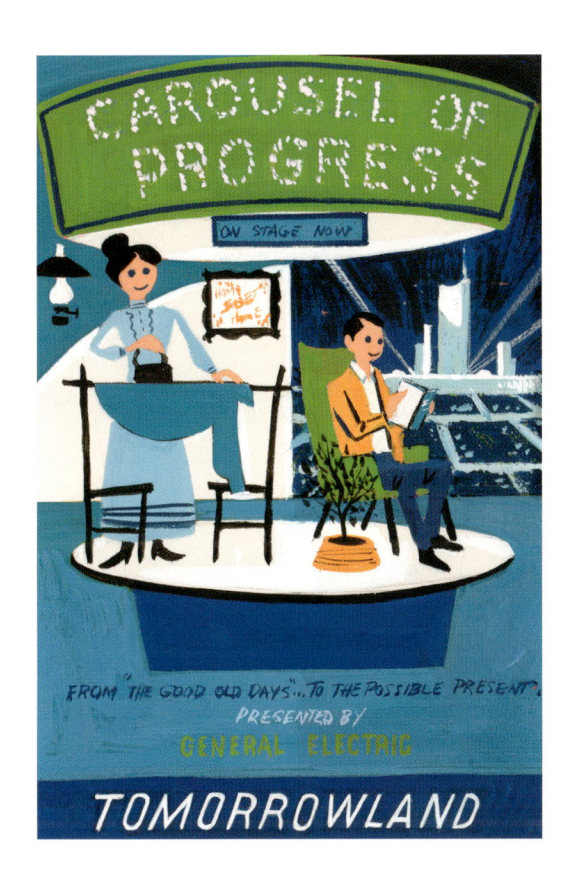

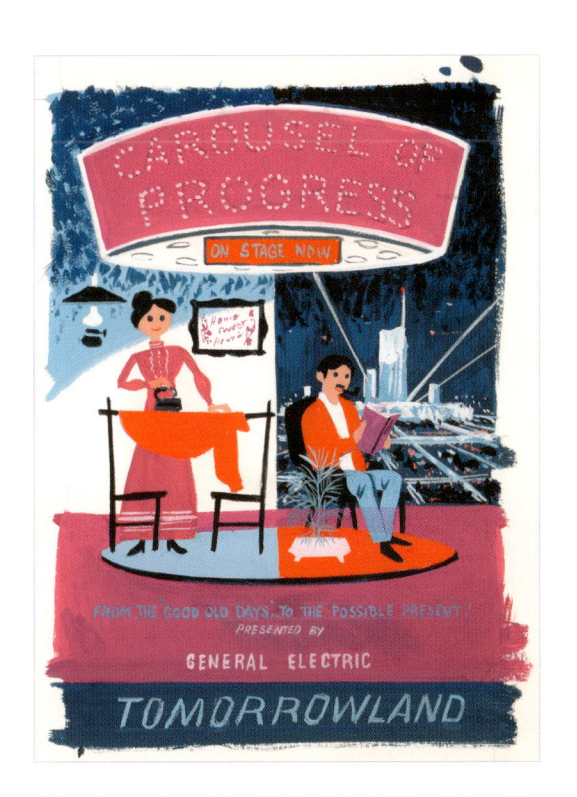

ミート・ザ・ワールド
東京ディズニーランド
レティシア・レレヴィアー、ミミ・シーアン (1991)

カルーセル・オブ・プログレス(コンセプト・スケッチ)
ディズニーランド
ケン・チャップマン (1967)

ピープルムーバー　ディズニーランド　ケン・チャップマン（1967）

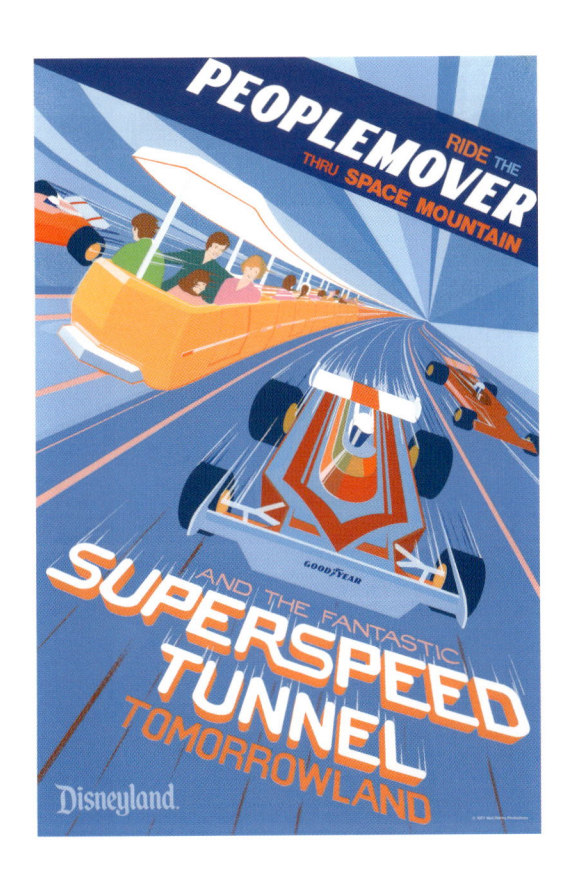

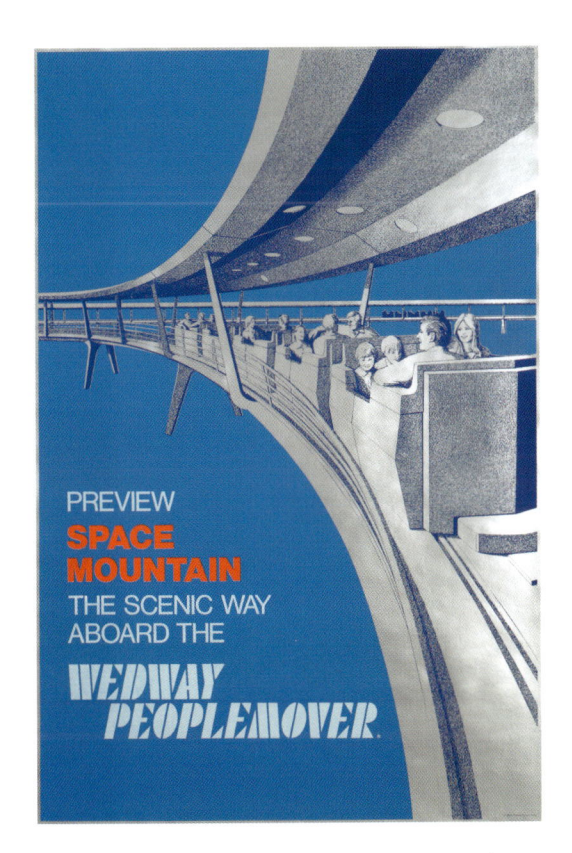

上：ピープルムーバー ― スーパースピード・トンネル
ディズニーランド
ティム・ディレイニー（1977）

下：WEDウェイ・ピープルムーバー
ウォルト・ディズニー・ワールド
ルー・ヴァン・デルベケン、ルディ・ロード、アーニー・プリンゾーン、
ジム・マイケルソン（1976）

ピープルムーバー ― トロン
ディズニーランド
作者不詳（1982）

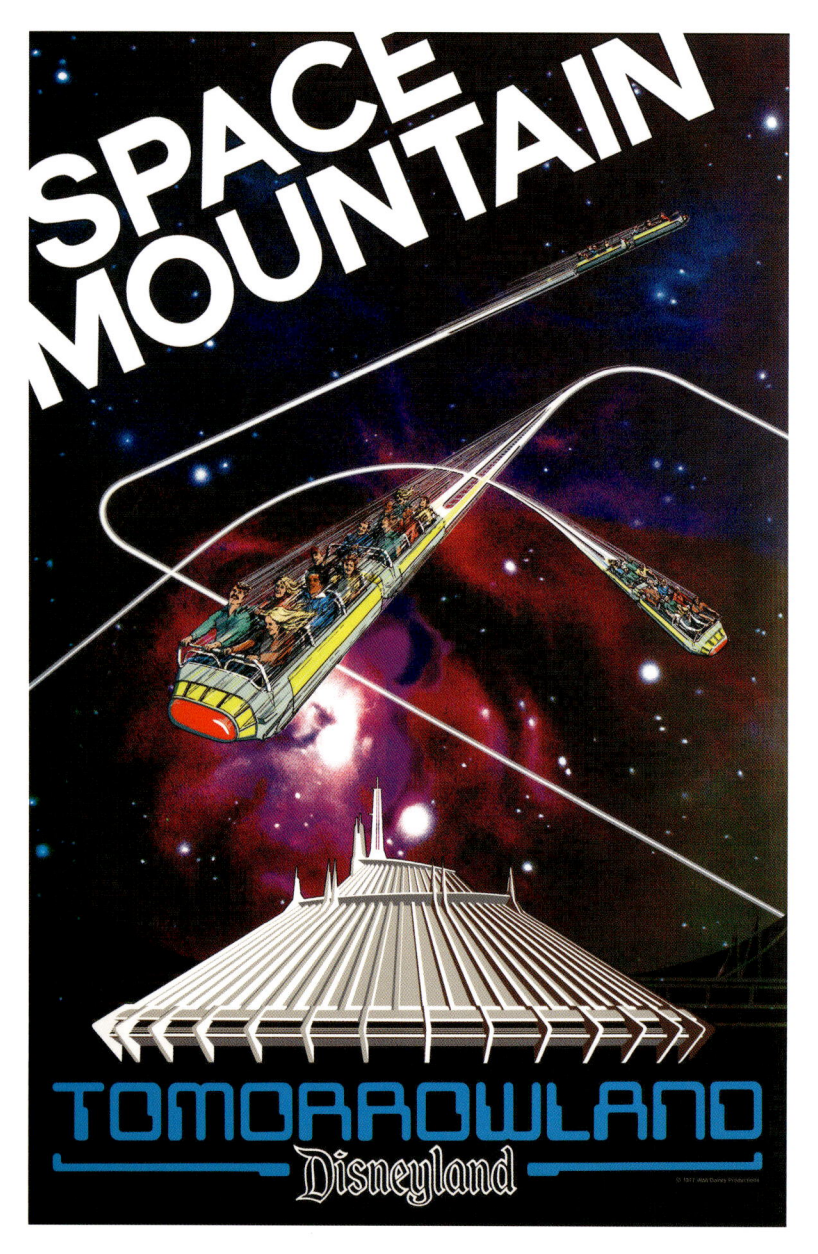

スペース・マウンテン
ディズニーランド、ウォルト・ディズニー・ワールド、東京ディズニーランド
ジム・マイケルソン、アーニー・プリンゾーン、ルディ・ロード（1977）

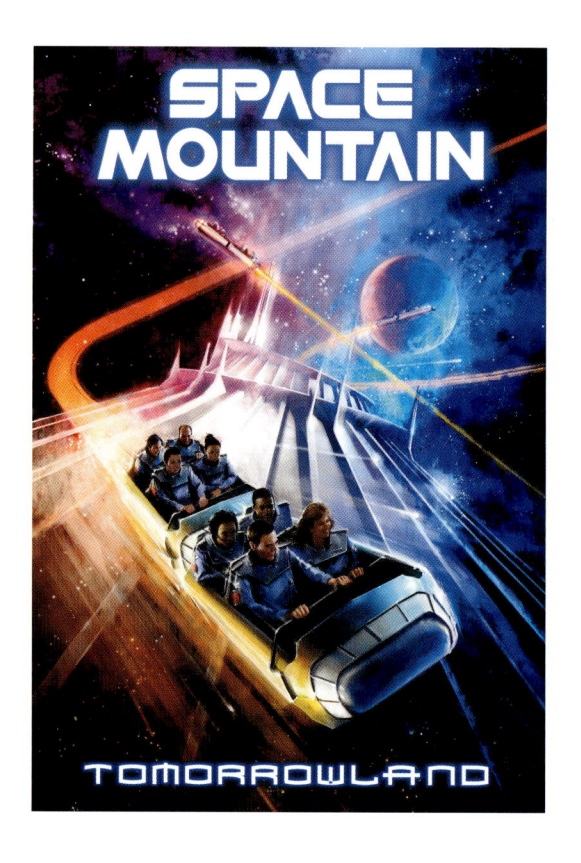

上：**スペース・マウンテン**
ディズニーランド
グレッグ・プロ、オーウェン・ヨシノ（2005）

下：**スペース・マウンテン**
東京ディズニーランド
オーウェン・ヨシノ（2007）

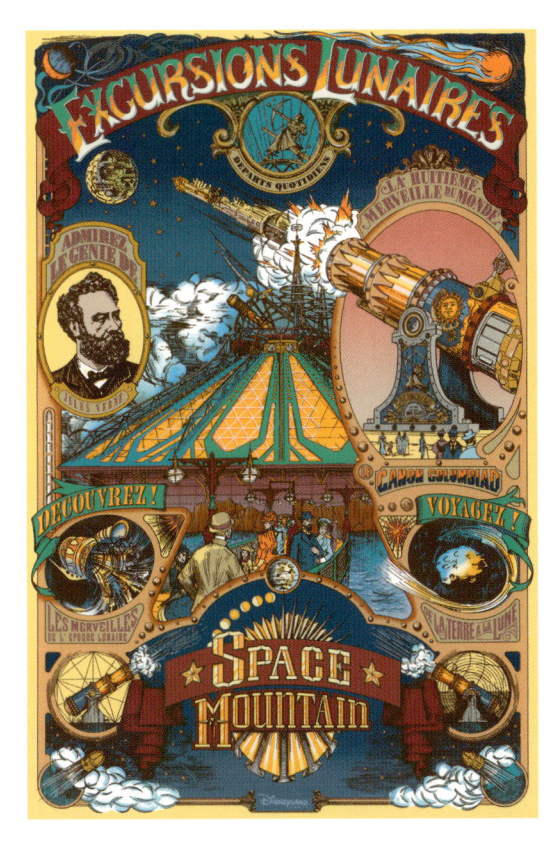

スペース・マウンテン ― 月世界旅行
ディズニーランド・パリ
ティム・ディレイニー、ルディ・ロード、スチュアート・ベイリー（1994）

スペース・マウンテン：ミッション2
ディズニーランド・パリ
グレッグ・プロ、オーウェン・ヨシノ（2004）

スペース・マウンテン
香港ディズニーランド
ティム・ディレイニー、ポール・ノヴァチェック（2005）

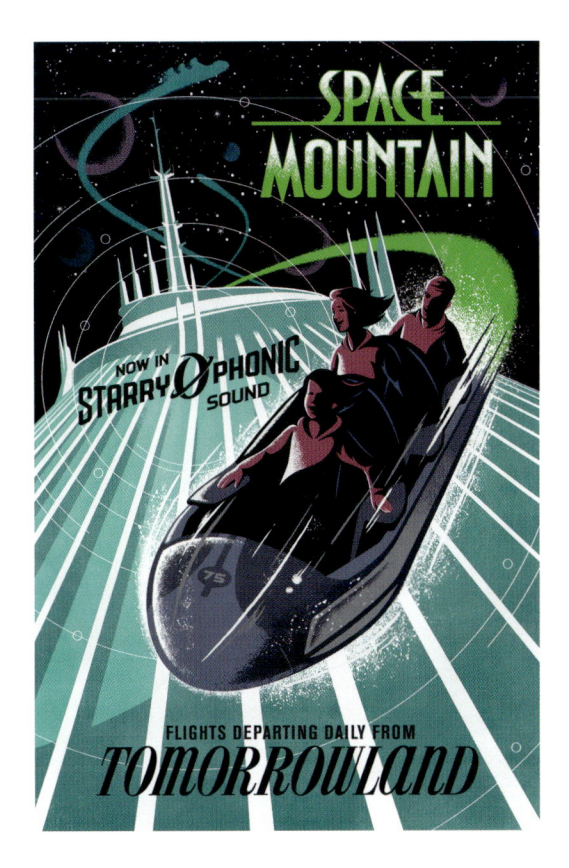

スペース・マウンテン
ウォルト・ディズニー・ワールド
ジョシュ・ホルツクロー（2010）

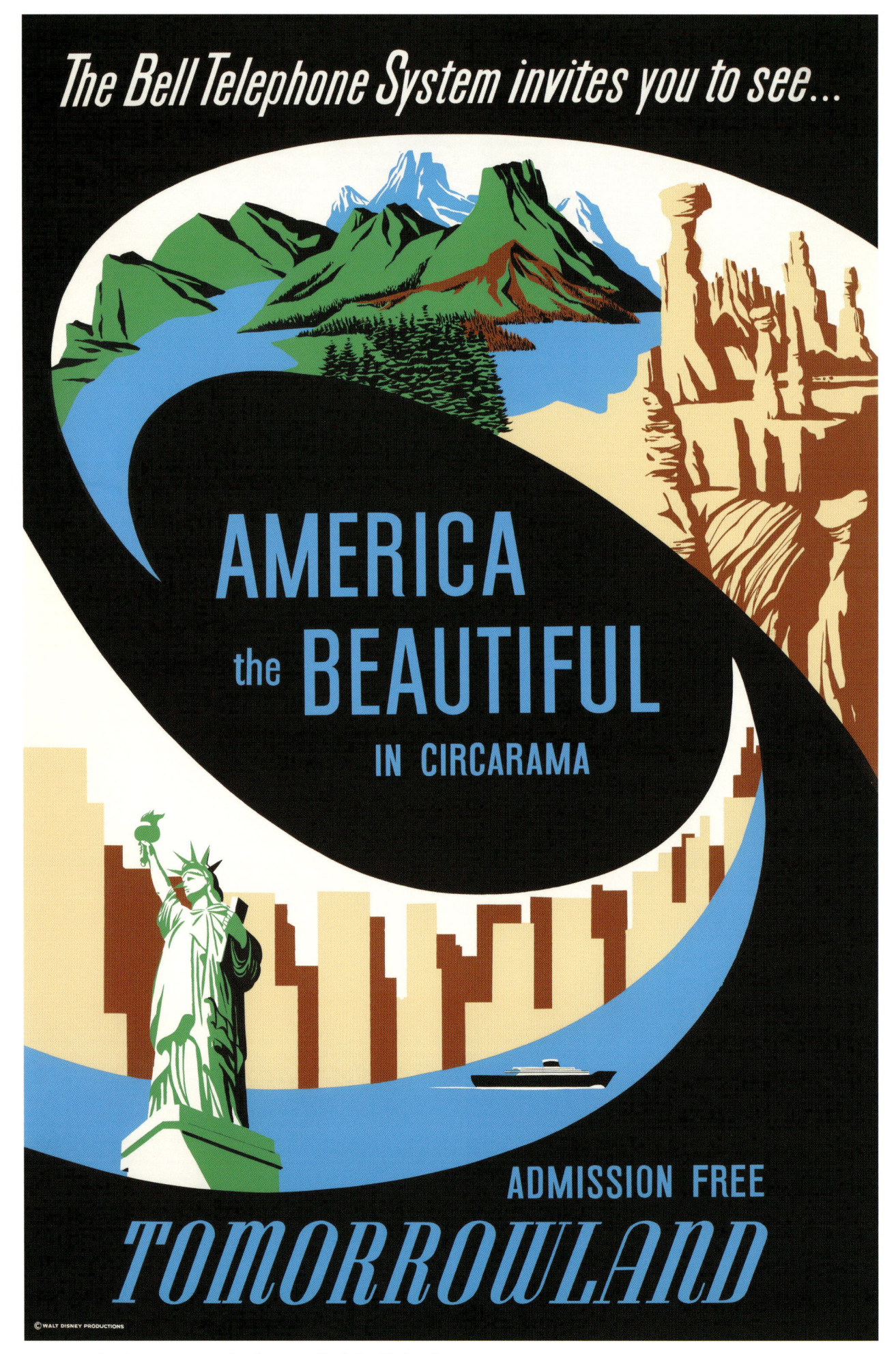

アメリカ・ザ・ビューティフル　ディズニーランド　作者不詳（1960）

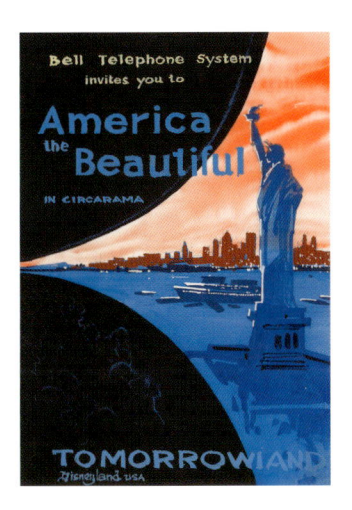

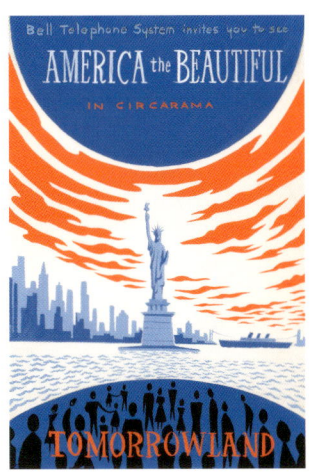

アメリカ・ザ・ビューティフル
ディズニーランド、ウォルト・ディズニー・ワールド
ケン・チャップマン（1967）

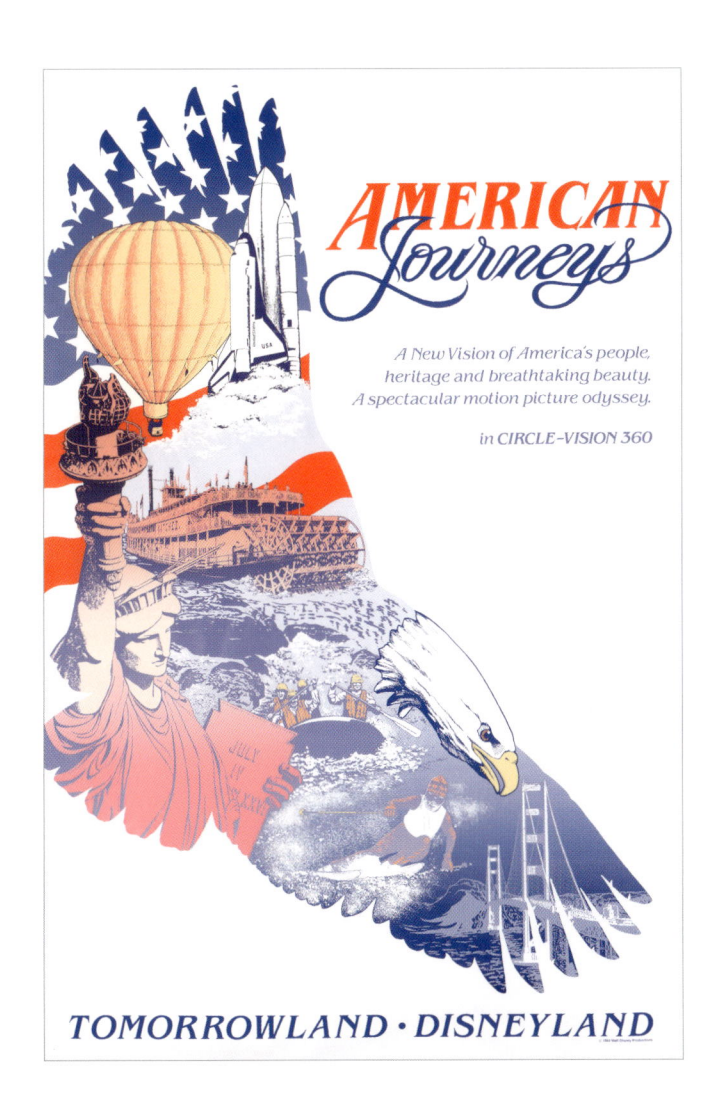

アメリカン・ジャーニー
ディズニーランド、ウォルト・ディズニー・ワールド、東京ディズニーランド
レティシア・レレヴィアー（1984）

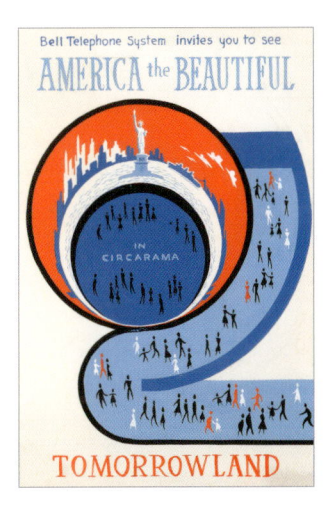

上、左上：アメリカ・ザ・ビューティフル（コンセプト・スケッチ）
ディズニーランド
作者不詳（1960）

113

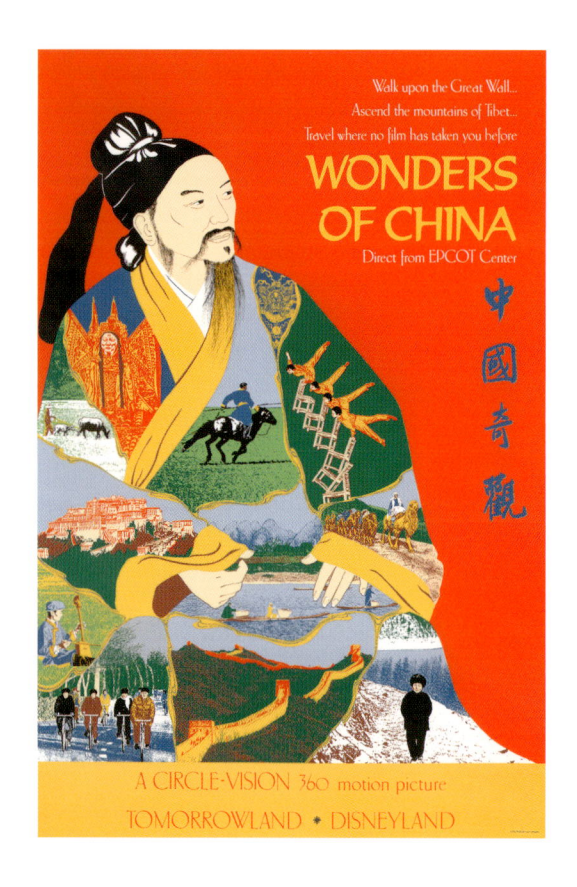

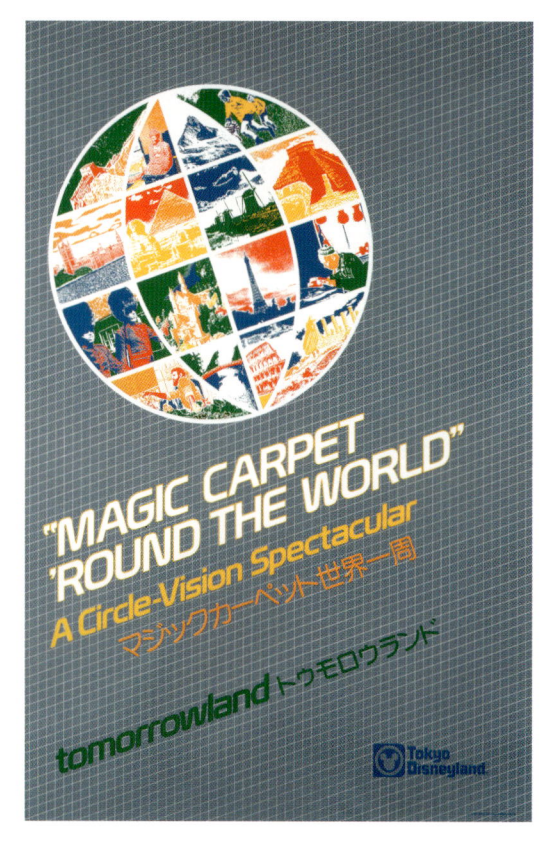

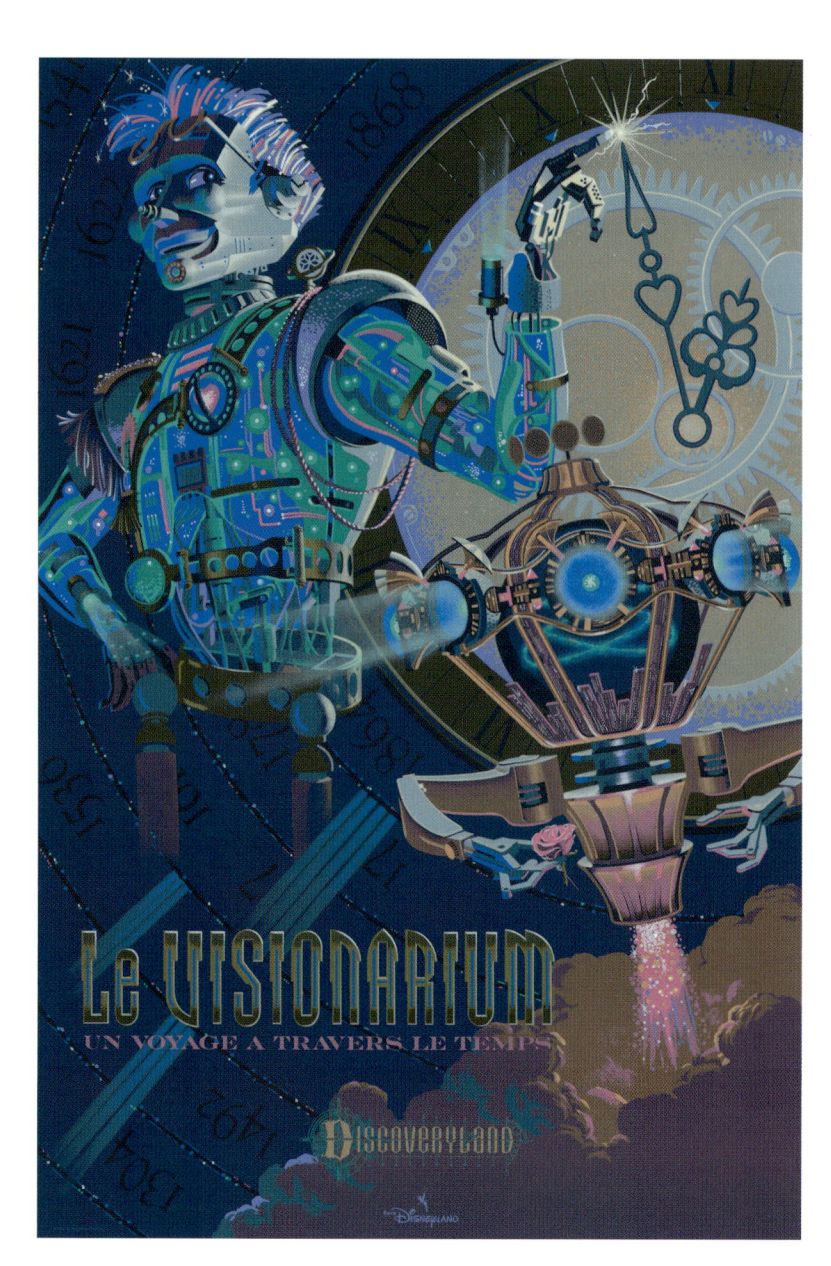

ビジョナリアム
ディズニーランド・パリ、東京ディズニーランド
ティム・ディレイニー（1992）

上：**ワンダーズ・オブ・チャイナ**
ディズニーランド、エプコット
レティシア・レレヴィアー（1985）

下：**マジックカーペット世界一周**
東京ディズニーランド、ウォルト・ディズニー・ワールド
作者不詳（1983）

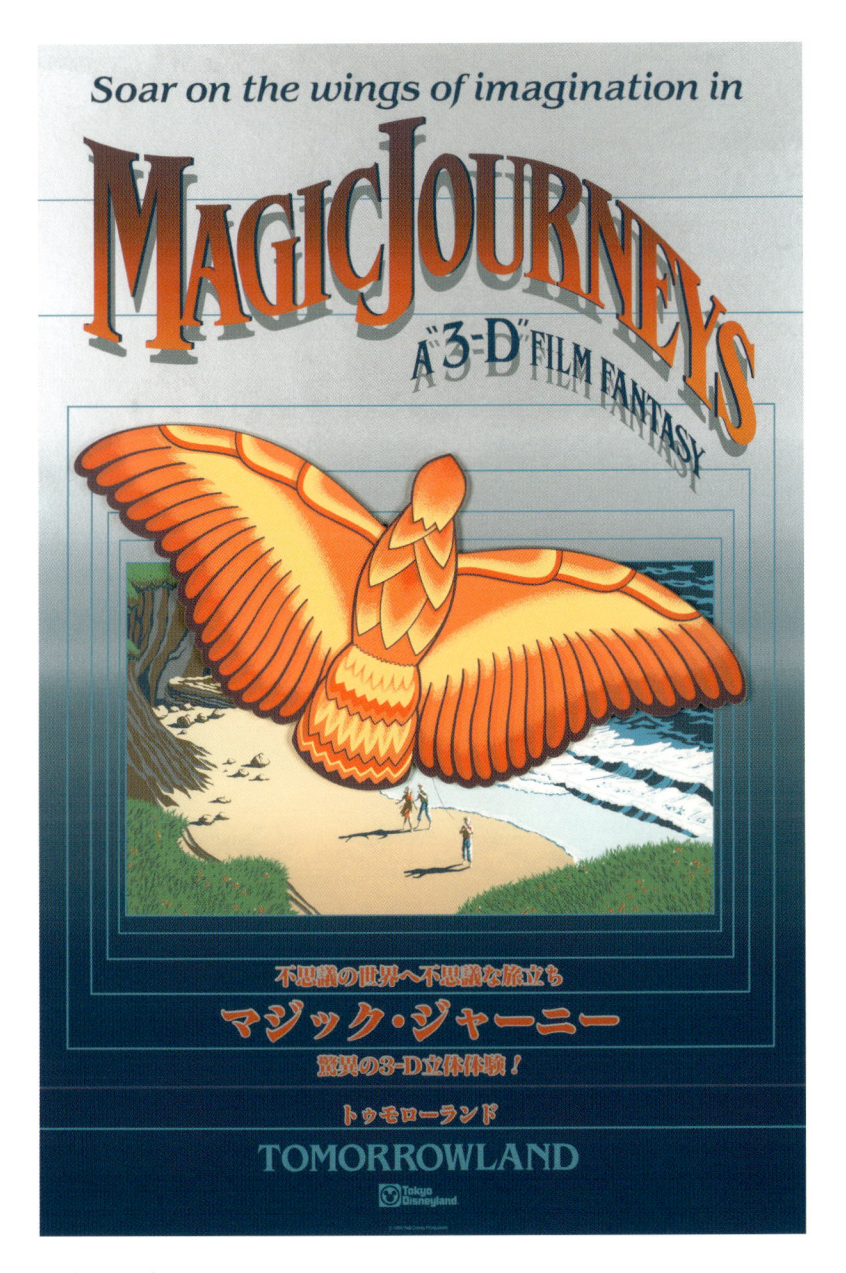

マジック・ジャーニー
ディズニーランド、東京ディズニーランド、ウォルト・ディズニー・ワールド
ノーム・イノウエ（1984）

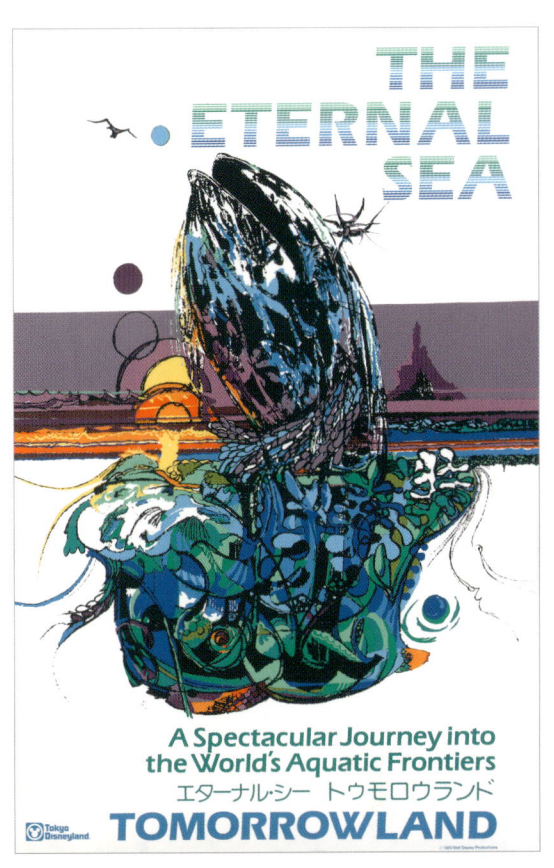

上：**エターナル・シー**
東京ディズニーランド
ウォルト・プリゴイ、レティシア・レレヴィアー（1983）

下：**ミクロアドベンチャー！**
東京ディズニーランド
アンドレア・ホン（1997）

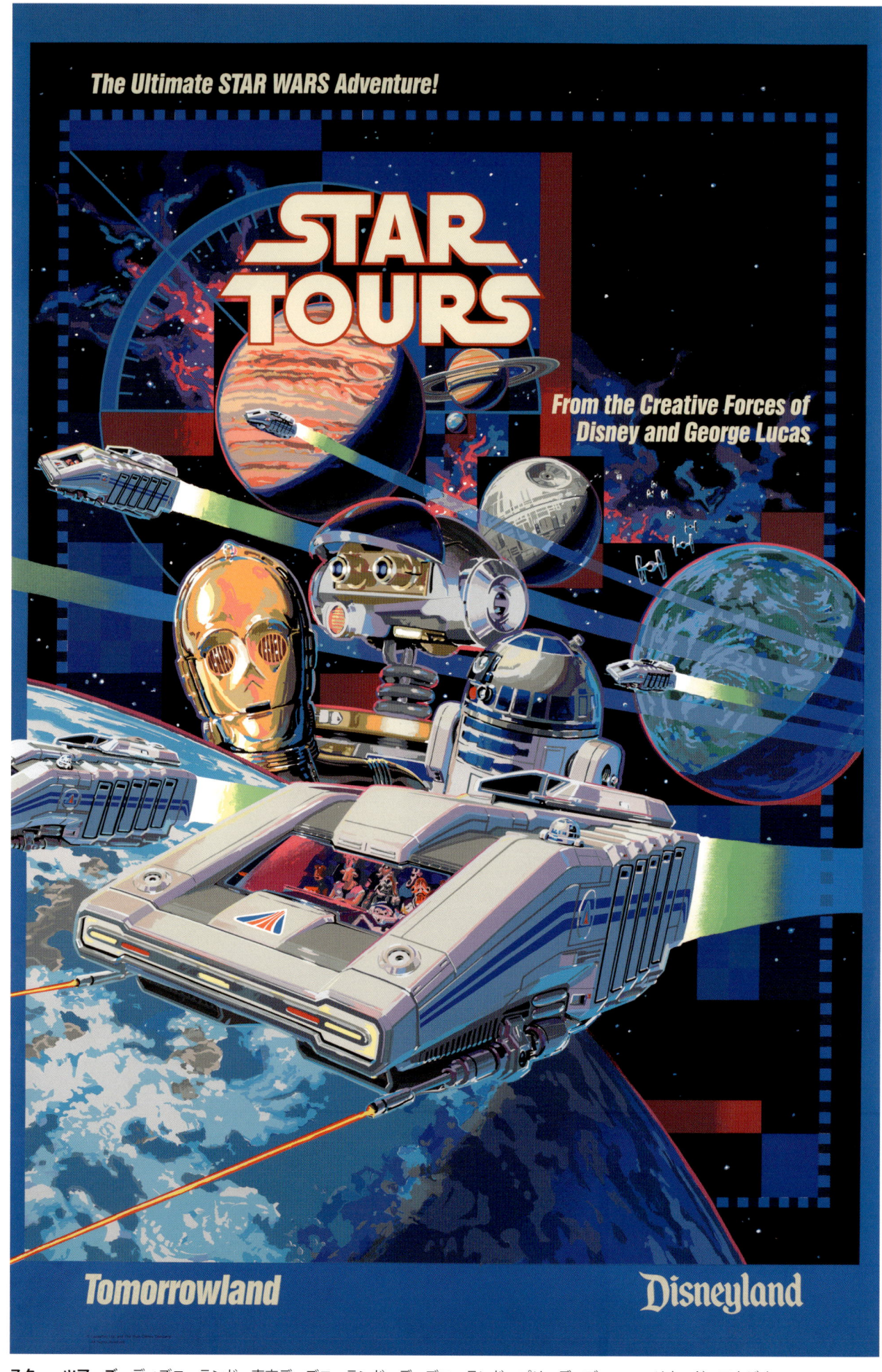

スター・ツアーズ　ディズニーランド、東京ディズニーランド、ディズニーランド・パリ、ディズニー・ハリウッド・スタジオ
ギル・ケプラー（1987）

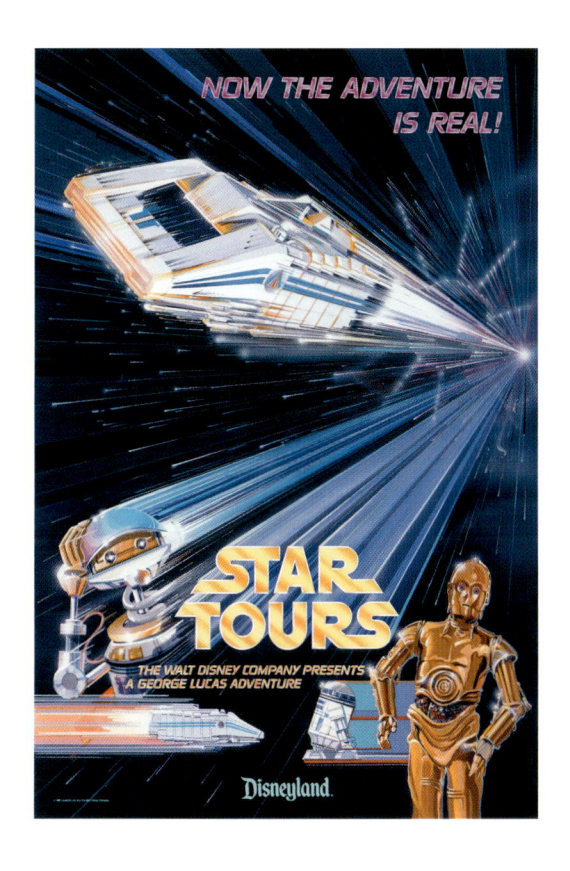

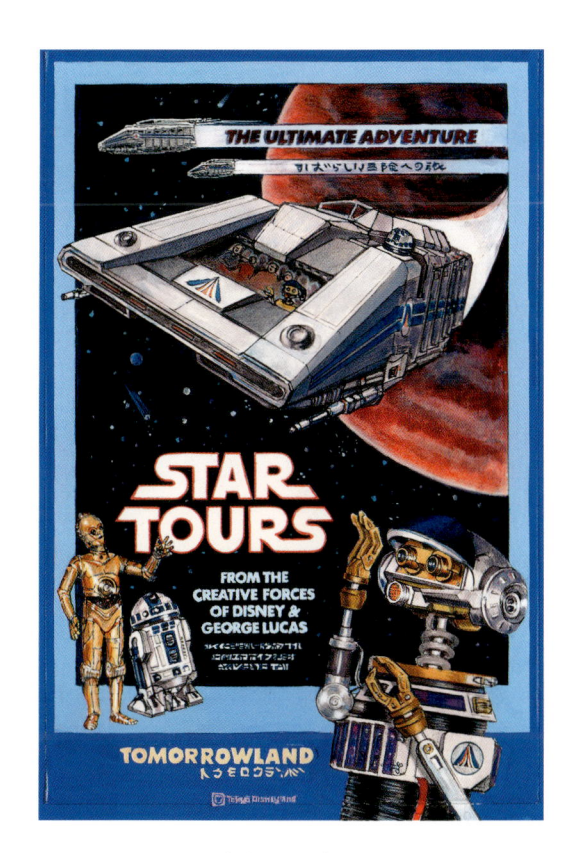

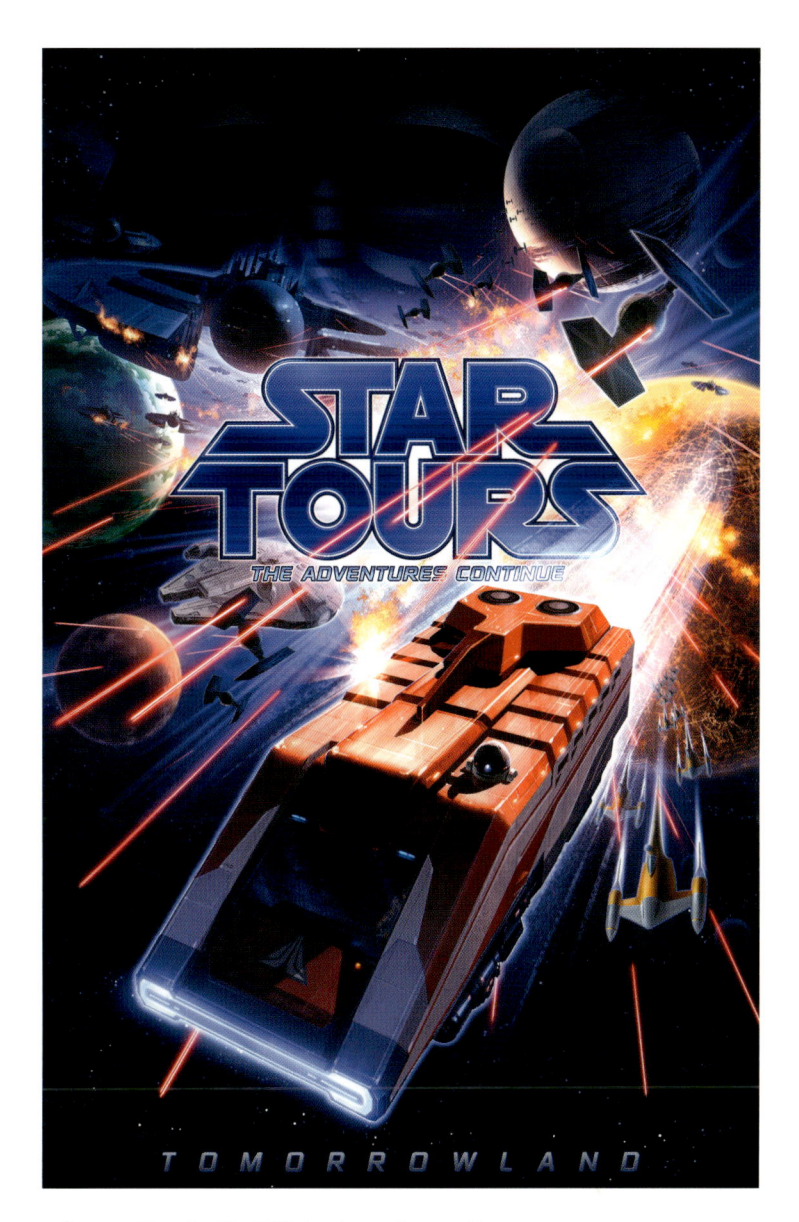

スター・ツアーズ：ザ・アドベンチャーズ・コンティニュー
ディズニーランド、ディズニー・ハリウッド・スタジオ
スコット・ドレーク（2011）

上：**スター・ツアーズ（コンセプト・スケッチ）**
ディズニーランド
ティム・ディレイニー（1986）

下：**スター・ツアーズ（コンセプト・スケッチ）**
東京ディズニーランド
アン・トライバ（1988）

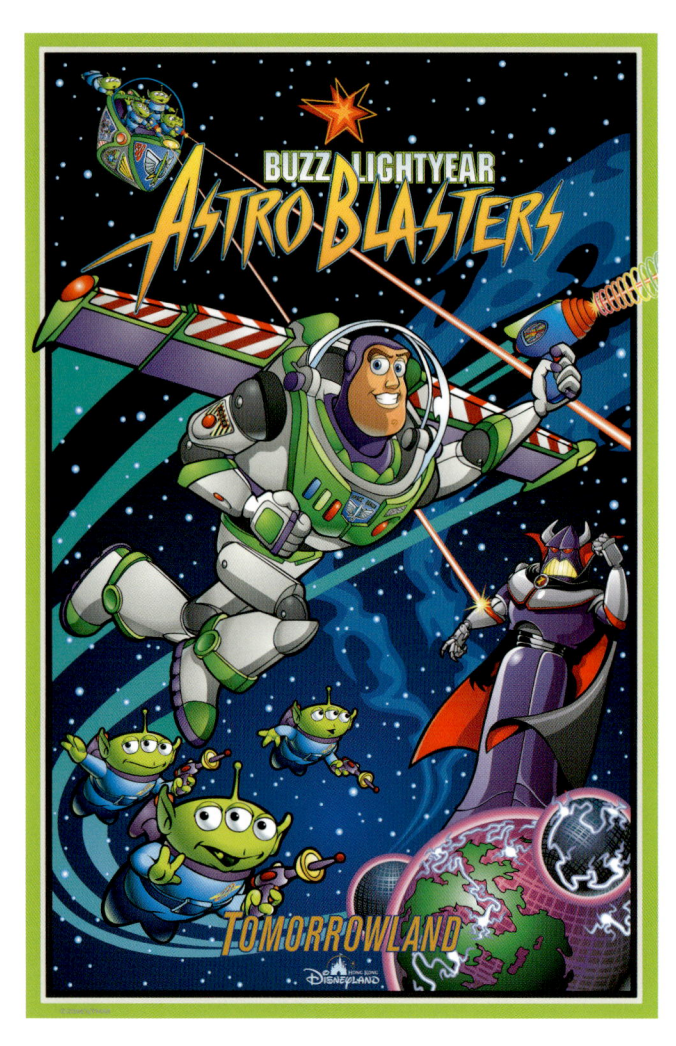

バズ・ライトイヤーのアストロブラスター
東京ディズニーランド、ディズニーランド、香港ディズニーランド、
ディズニーランド・パリ
チャック・バルー（2005）

モンスターズ・インク"ライド＆ゴーシーク！"
東京ディズニーランド
ウィル・アイアーマン、スコット・ティレイ（2009）

ビデオポリス
ディズニーランド・パリ
ジム・マイケルソン、ティム・ディレイニー、フレッド・ミワ（1992）

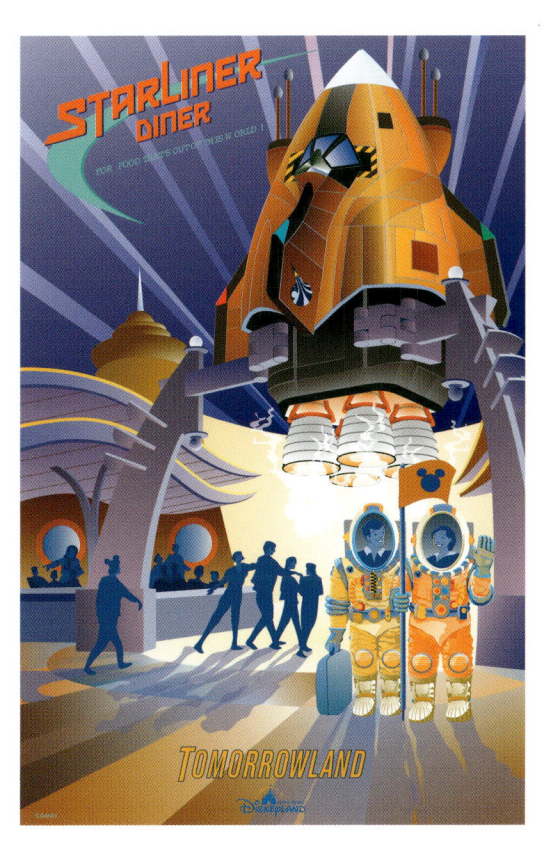

スターライナー・ダイナー
香港ディズニーランド
ティム・ディレイニー、ポール・ノヴァチェック（2005）

ショーベース2000
東京ディズニーランド
ヨシ・アキヤマ（1996）

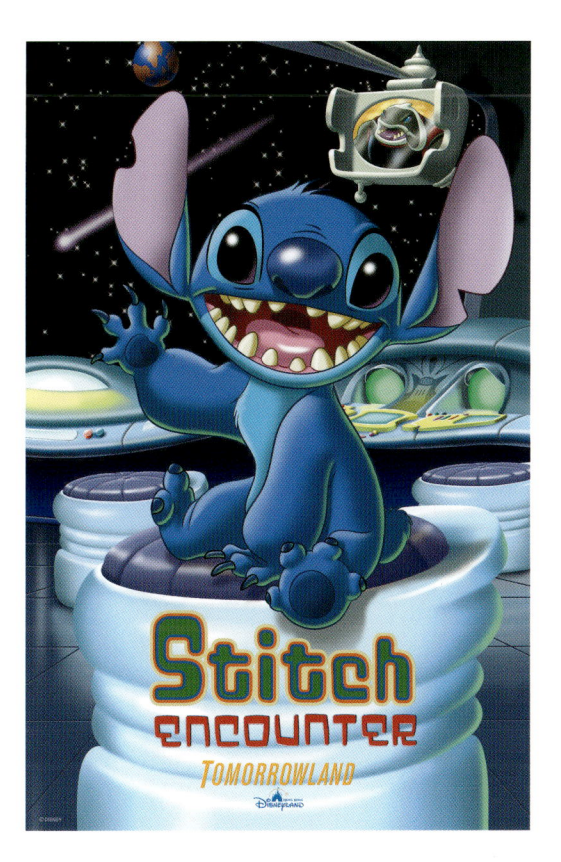

スティッチ・エンカウンター
香港ディズニーランド
アン・トライバ（2006）

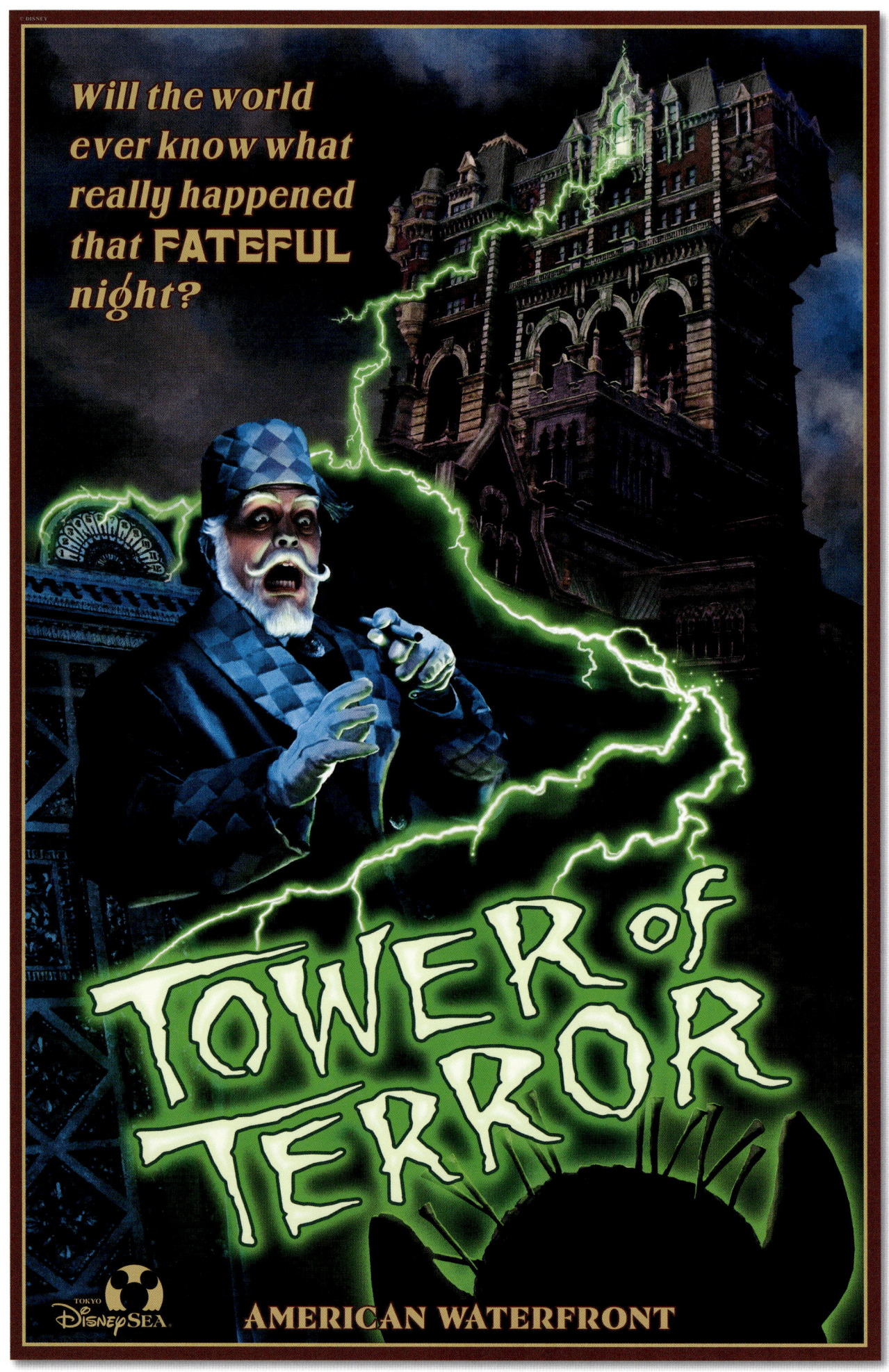

タワー・オブ・テラー 東京ディズニーシー ショーン・サリヴァン、ウィル・アイアーマン (2006)

CHAPTER 8

TOKYO DisneySEA

―――― 第8章　東京ディズニーシー ――――

　想像力と冒険の世界へようこそ。東京ディズニーシーは、わたしたちの探究心を満たす場所です。ここで、わたしたちは、冒険やロマンスを体験し、新しいことや愉快なことを発見します。そしてエキゾチックで不思議な場所に向かって針路をとります。東京ディズニーシーが、「水の惑星」地球で暮らすわたしたちすべてに希望を与えることを願っています。

――マイケル・アイズナー

　2001年9月4日、東京ディズニーシーが、東京ディズニーリゾートに開園した。それにあわせて、イマジニアたちはあらゆる宣伝方法を使い、パーク内のイベントを効果的に演出した。

　「日本の人びとはディズニーテーマパークに詳しいので、一から始めなくてもよかった。それでも、チケットを買うときから楽しんでもらえるものを作りたかった。ポスターなら楽しんでもらえる、と思ったんだ」と話すのは、ウォルト・ディズニー・イマジニアリングのシニア・プリンシパル・グラフィック・デザイナー、ウィル・アイアーマンだ。

　アイアーマンは、東京ディズニーシーのポスターをどんなものにするか、あらゆる角度から考えた。彼は東京ディズニーランドのポスターの制作にかかわった経験があり、そこでは多様なアトラクションがうまく組み合わされていることを知っていた。1983年に開園して以来、東京ディズニーランドのポスターには、世界のほかのパークにはない物語やスタイルが盛り込まれていた。アイアーマンは東京ディズニーシーのポスターを、パーク全体のテーマにも、個々のアトラクションにもあうものにしようと決めた。

　まず、ポスターのデザインにぴったりなテーマを選ぶことになった。デザインチームは、アイアーマンが「ポスターデザインの黄金期」と考える時期には、すなわち1890年代から1920年代あたりには、一体どんなポスターが制作されていたか、調査を進めることにした。その当時は、ロートレックやロシア構成主義の画家が、非常に大胆なデザインのポスターや絵画を制作していた。

　アイアーマンは言う。「その30年間に作られたポスターを何度も見直したんだ。次の作業は、すばらしいポスターを作ることだった。『このポスターをわたしの部屋に飾ったら素敵だ』とゲストに思ってほしかった」

　アイアーマンは多くのイマジニアたちの中から、この仕事にふさわしいデザイナーを3人選んだ。そして、独自のスタイルとすぐれたデザイン感覚を持つラリー・ニコライ、クリス・ターナー、ニコル・アーミテージのメンバーでチームが結成された。彼らは、アイアーマンとともに、開園日までに、「ポルト・パラディーゾ・ウォーターカーニバル」「センター・オブ・ジ・アース」「海底2万マイル」「マーメイドラグーンシアター」「シンドバッド・セブンヴォヤッジ」「マジックランプシアター」「インディ・ジョーンズ®・アドベンチャー：クリスタルスカルの魔宮」「ストームライダー」「アクアトピア」と、全部で9枚のポスターを見事に制作した。アイアーマンは、9枚のポスターの色調とバランスを調整し、全体としてまとまりのあるものにした。その結果、9枚のポスターは、それぞれの持ち味を活かし、たがいの良さを打ち消すことなく、存在感を示すことになった。

　東京ディズニーシーのポスターに求められるものは、今も同じだ。新しいポスターは、テーマポートの内容を重視して制作される。

　「レジェンド・オブ・ミシカ」や「シンドバッド・ストーリーブック・ヴォヤッジ」（「シンドバッド・セブンヴォヤッジ」をリニューアルしたアトラクション）のポスターは、ロマンチックで華やかだが、芸術性も維持している。

　「芸術的なポスターを作るという方針は変わらない」とアイアーマンは言う。「わたしたちが心がけているのは、できるだけ美しいイメージを思い浮かべて、それを巧みに描写することだ。時代の空気や一般的な価値観に配慮するのは今までどおりだが、各アトラクションの物語をさらに重視するようになった。こうした物語を伝えるために、新しい技術や方法を常に試している。それによって、ポスターの雰囲気が変わることもある」

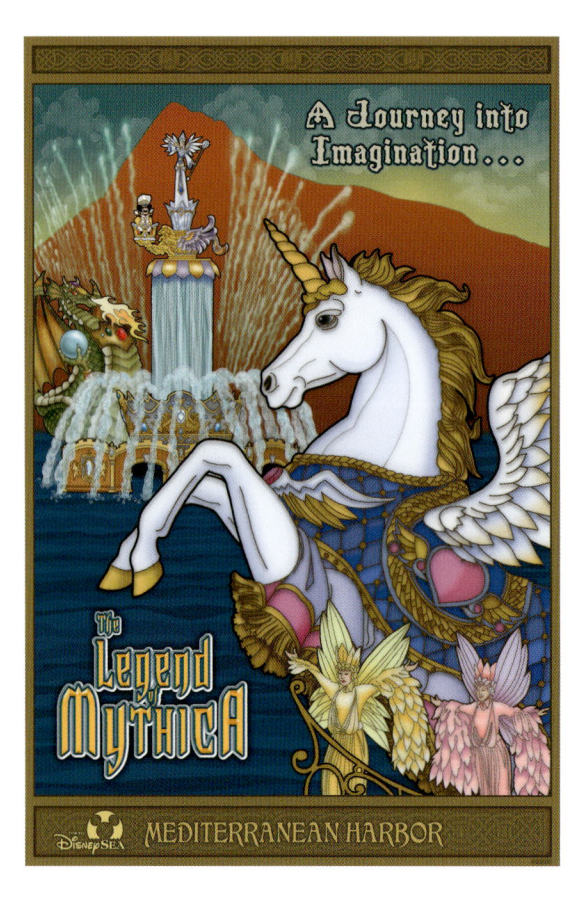

レジェンド・オブ・ミシカ
東京ディズニーシー
ニコル・アーミテージ、ウィル・アイアーマン（2006）

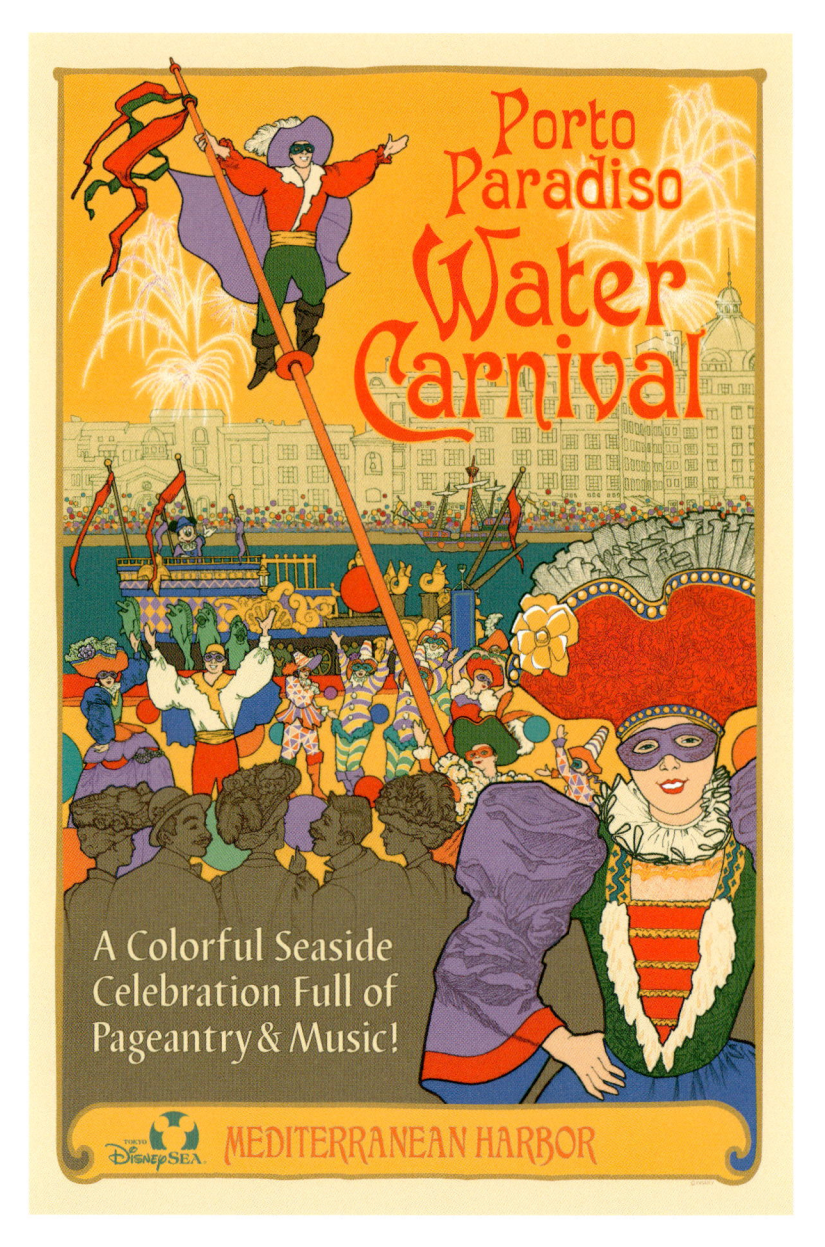

ポルト・パラディーゾ・ウォーターカーニバル
東京ディズニーシー
ニコル・アーミテージ、ウィル・アイアーマン（2001）

センター・オブ・ジ・アース
東京ディズニーシー
クリス・ターナー、ウィル・アイアーマン（2001）

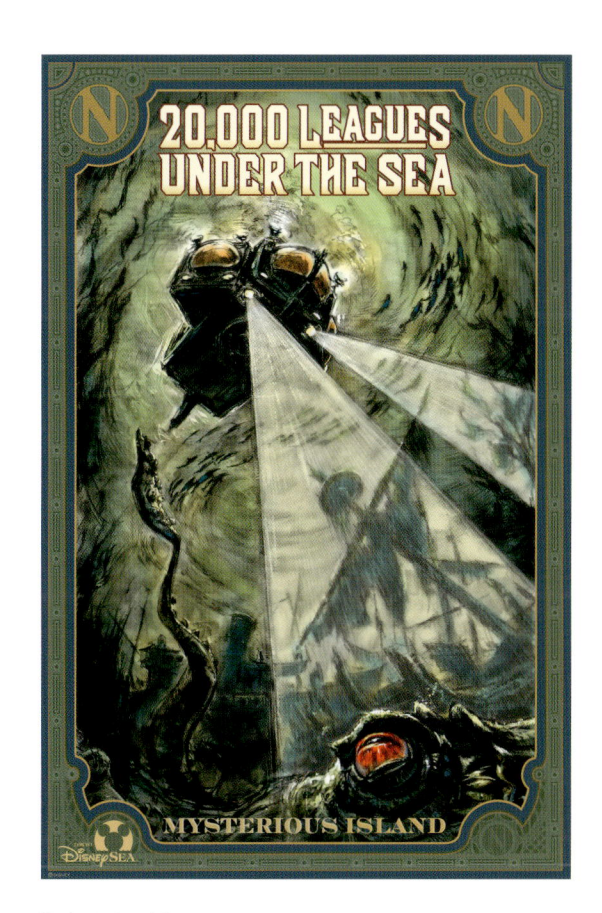

海底2万マイル
東京ディズニーシー
クリス・ターナー、ウィル・アイアーマン（2001）

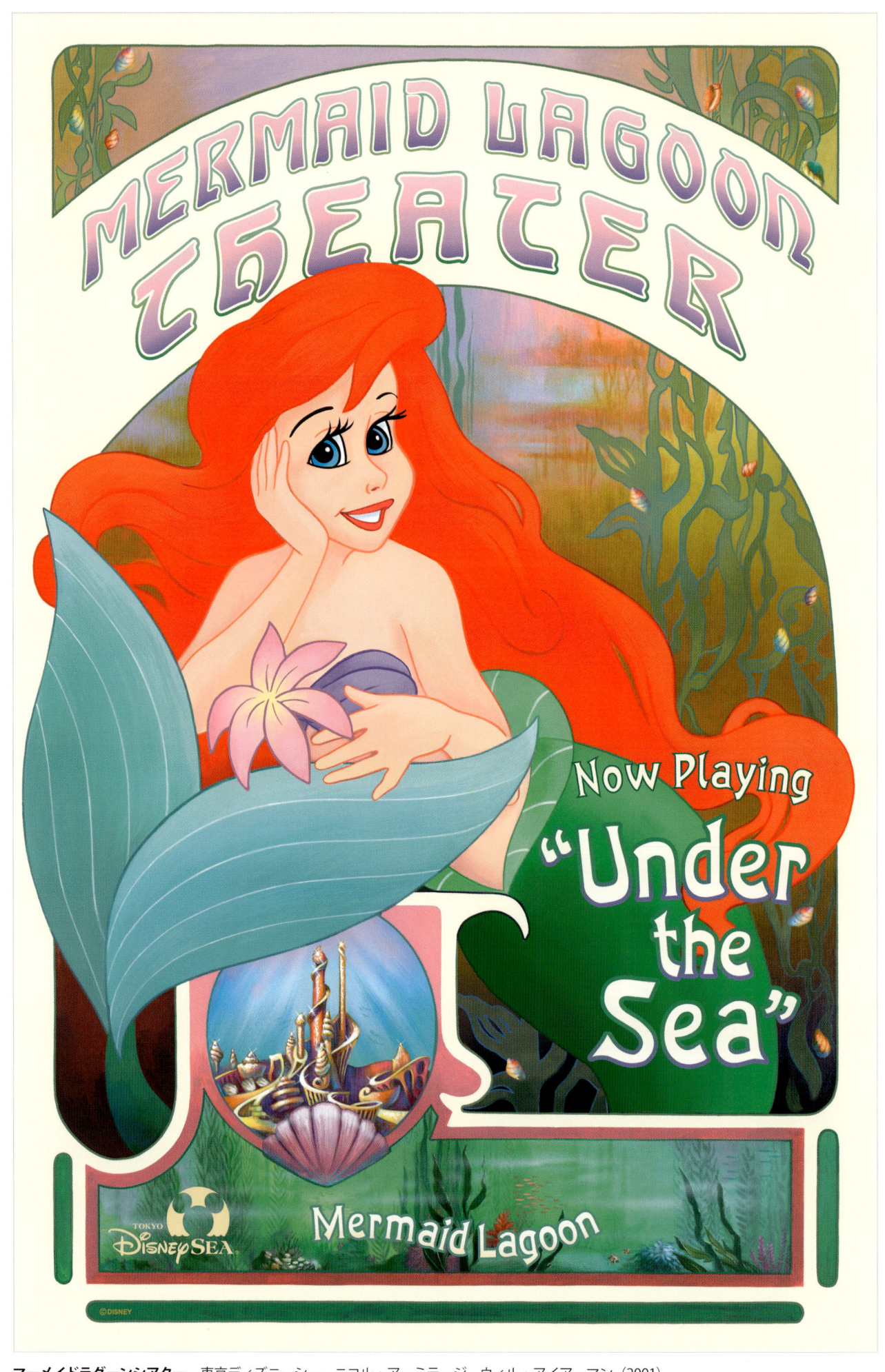

マーメイドラグーンシアター　東京ディズニーシー　ニコル・アーミテージ、ウィル・アイアーマン（2001）

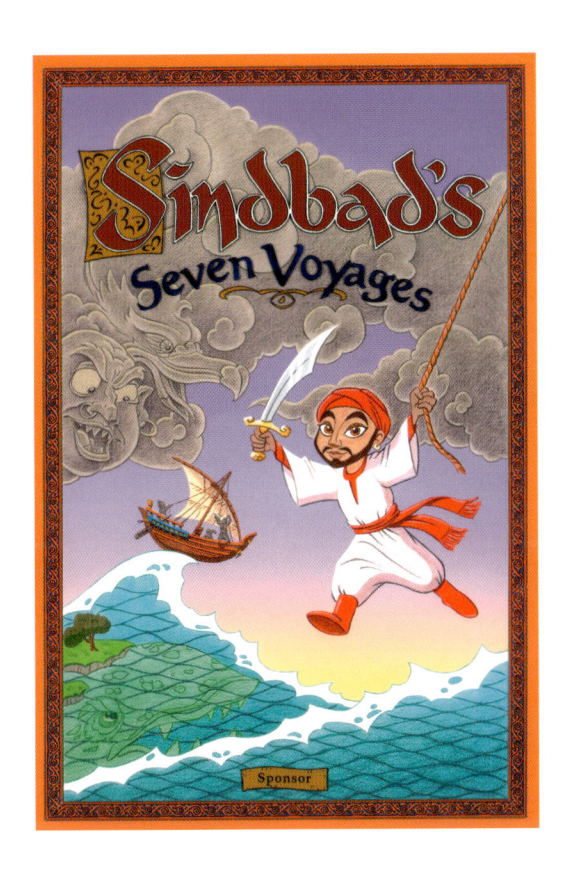

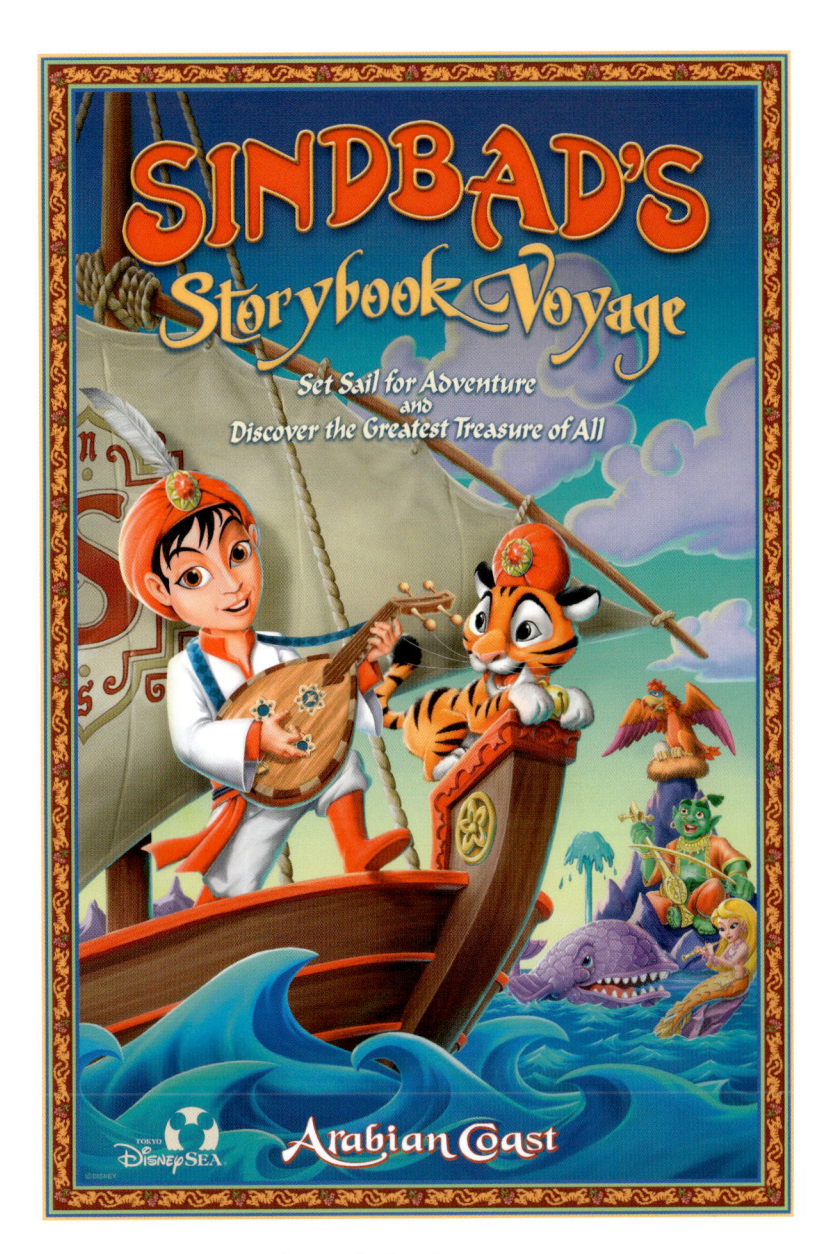

シンドバッド・ストーリーブック・ヴォヤッジ
東京ディズニーシー
チャック・バルー、ウィル・アイアーマン（2007）

上：**シンドバッド・セブンヴォヤッジ（コンセプト・スケッチ）**
東京ディズニーシー
ラリー・ニコライ（1998）

下：**シンドバッド・セブンヴォヤッジ**
東京ディズニーシー
ラリー・ニコライ、ウィル・アイアーマン（2001）

ジャスミンのフライングカーペット　東京ディズニーシー　チャック・バルー、アンディ・マクフィー、ウィル・アイアーマン（2011）

マジックランプシアター　東京ディズニーシー　ラリー・ニコライ、ウィル・アイアーマン（2001）

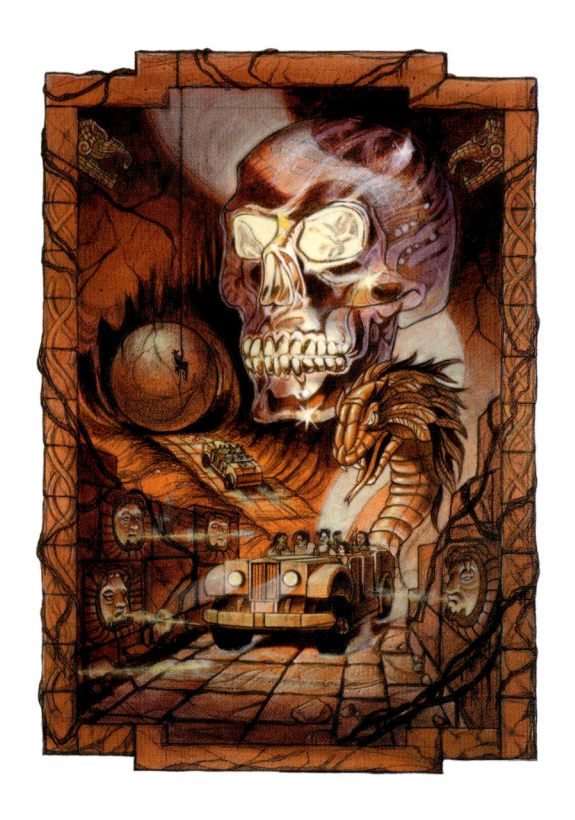

上：**インディ・ジョーンズ®・アドベンチャー（コンセプト・スケッチ）**
東京ディズニーシー
フィリップ・フリーア（1996）

下：**インディ・ジョーンズ®・アドベンチャー（背景画）**
東京ディズニーシー
ニコル・アーミテージ（2001）

インディ・ジョーンズ®・アドベンチャー：クリスタルスカルの魔宮
東京ディズニーシー
ニコル・アーミテージ、ウィル・アイアーマン（2001）

レイジングスピリッツ　東京ディズニーシー　ウィル・アイアーマン（2005）

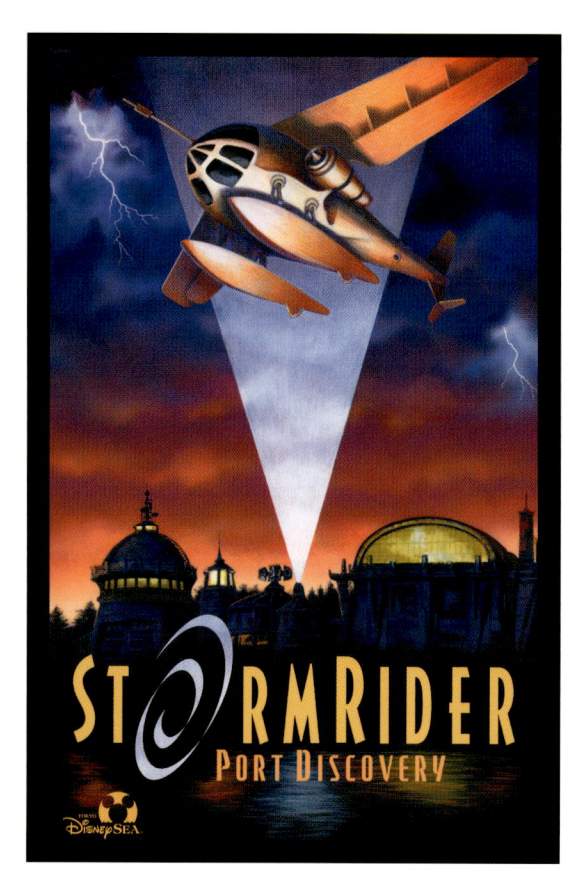

ストームライダー
東京ディズニーシー
ニコル・アーミテージ、ウィル・アイアーマン（2001）

アクアトピア
東京ディズニーシー
ニコル・アーミテージ、ウィル・アイアーマン（2001）

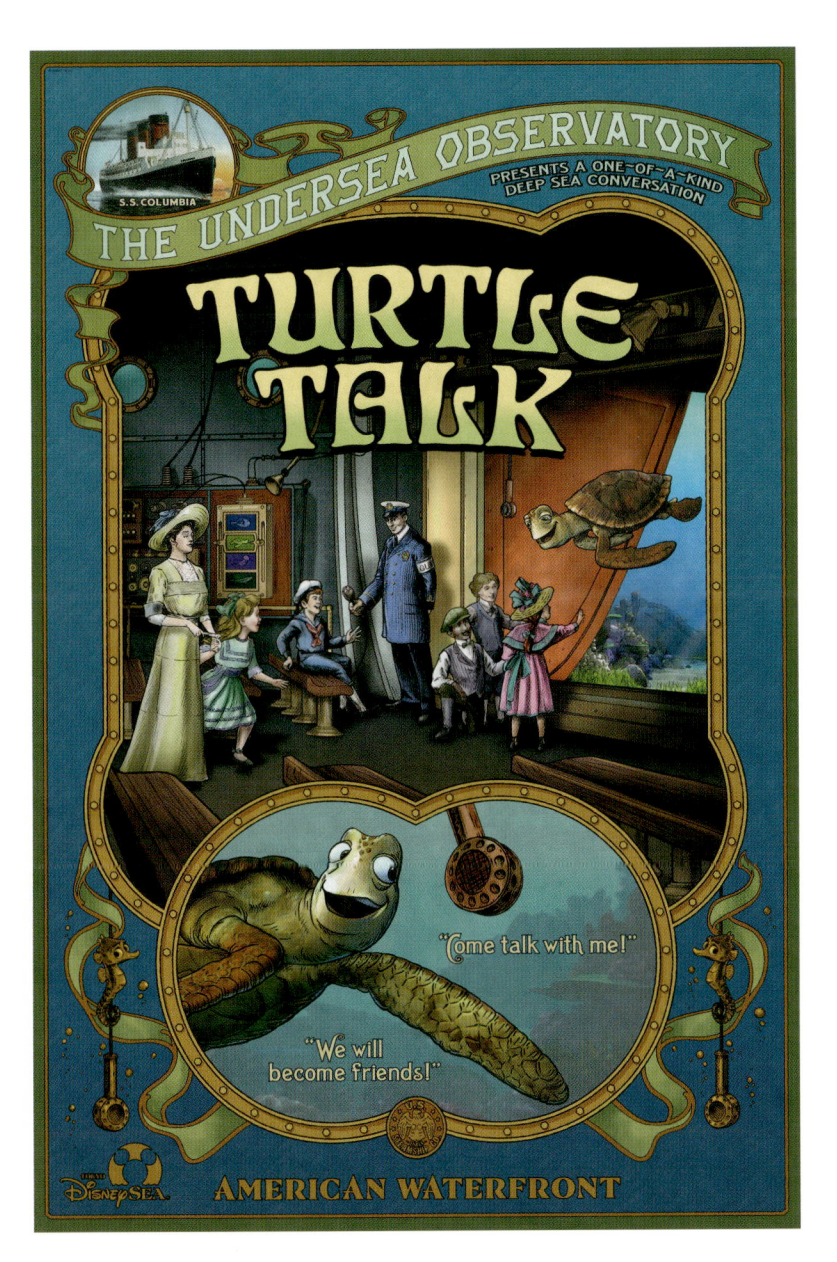

タートル・トーク
東京ディズニーシー
チャック・バルー、ウィル・アイアーマン（2009）

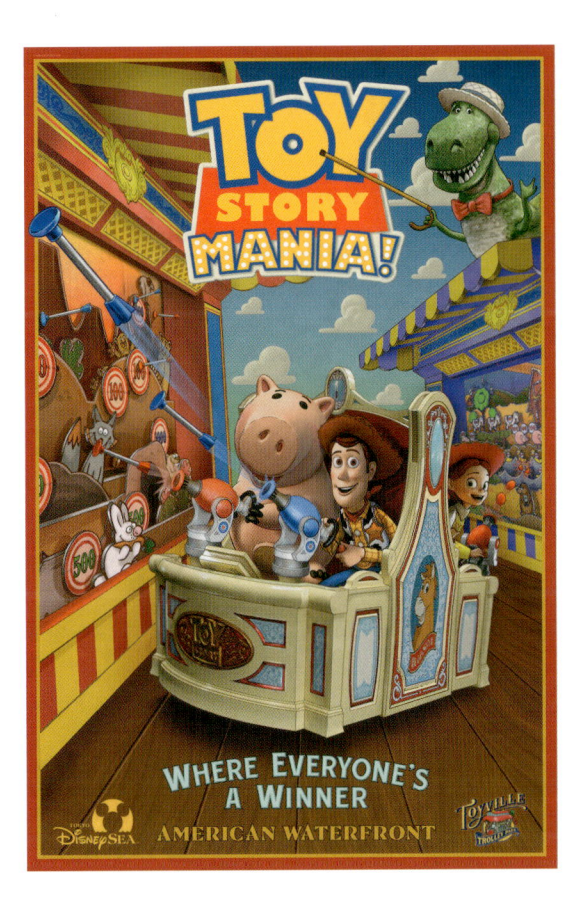

トイ・ストーリー・マニア！
東京ディズニーシー
チャック・バルー、ウィル・アイアーマン（2011）

レッドカー・トロリー　ディズニー・カリフォルニア・アドベンチャー　グレッグ・マレティック（2010）

CHAPTER 9

Disney CALIFORNIA ADVENTURE

——— 第9章 ディズニー・カリフォルニア・アドベンチャー ———

　偉大なウォルト・ディズニーは、『ディズニーランドは決して完成しない。世界に想像力があるかぎり、成長する』という言葉を残した。ディズニー・カリフォルニア・アドベンチャーも、わたしたちとともに成長し、変化し続ける。だが、変わらないこともある。それは、ここがわたしたちに夢を与え、それを追いかける意欲を与える場所であることだ。
　——ボブ・ワイス（ウォルト・ディズニー・イマジニアリング、エグゼクティブ・バイス・プレジデント／クリエイティブ・ディベロップメント）

　このポスター集の最後を飾るのは、ディズニー・カリフォルニア・アドベンチャーを扱った一連の作品だ。エグゼクティブ・プロデューサーのキャシー・マンガム、アート・ディレクターのレイ・スペンサー、ラリー・ニコライ、グレッグ・ウィルツバッハの4人の指揮のもとに制作されたポスターには、パークの拡張で高まった魅力があますところなく描かれている。「新しいアトラクションに花を添えたかった。ディズニーテーマパークはポスターによって、その特徴が明らかになる」と話すのはスペンサーだ。ニコライが続ける。「わたしたちの目的は簡潔な絵を描くことだった。アトラクションの内容がすぐに伝わり、その魅力が十分に伝わる絵を描くには、昔のポスターを参考にすればよかった」

　この章で紹介するポスターはグレッグ・マレティックが制作した。彼は香港ディズニーランドのポスターも手がけている。

　ディズニー・カリフォルニア・アドベンチャーの各エリアは、カリフォルニアのさまざまな時代をテーマにしているため、マレティックはそれぞれの時代のポスターや絵画を参考にした。「まず『グリズリー・リバー・ラン』から始めた。1930年代の国立公園局のポスターがヒントになると思った。そのポスターはシルクスクリーンの特徴がよく出ていて、色は4色か5色に限られていた。『グーフィーのスカイ・スクール』は、1940年代のグーフィーの短編アニメ映画のポスターのようにすればうまくいくと考えた。カーズランドのポスター（『ラジエーター・スプリングス・レーサー』『ルイジのフライング・タイヤ』『メーターのジャンクヤード・ジャンボリー』）は、1950年代のスタイルそのままだ。実に素朴で簡潔だ」とマレティックは語る。

　こうしたポスターが、ディズニー・カリフォルニア・アドベンチャーのブエナビスタ・ストリートの入り口を飾る。ディズニー・カリフォルニア・アドベンチャーは、ディズニーランド・リゾートの2番目のパークとして誕生した。ここにも、アトラクションのポスターが多数展示されている。

　新しいディズニーリゾートやパークにあわせて、ウォルト・ディズニー・イマジニアリングは、アトラクションの進化を進める。それにあわせて、ポスターも進化し続ける。

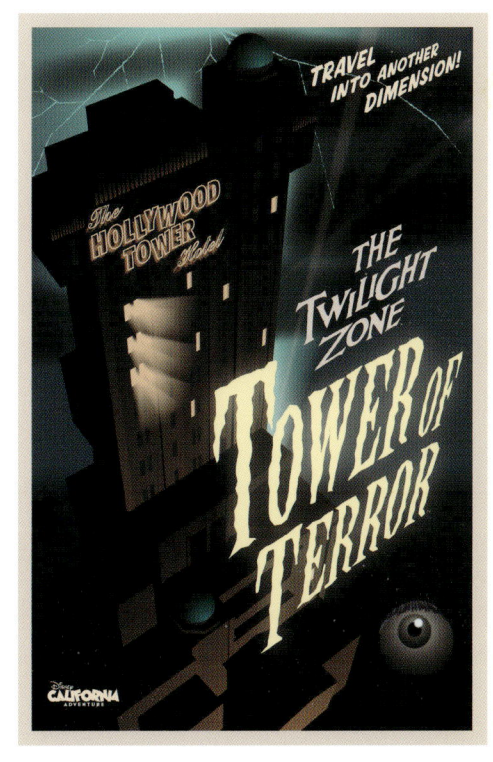

トワイライトゾーン・タワー・オブ・テラー
ディズニー・カリフォルニア・アドベンチャー
グレッグ・マレティック（2010）

ラジエーター・スプリングス・レーサー　ディズニー・カリフォルニア・アドベンチャー　グレッグ・マレティック (2010)

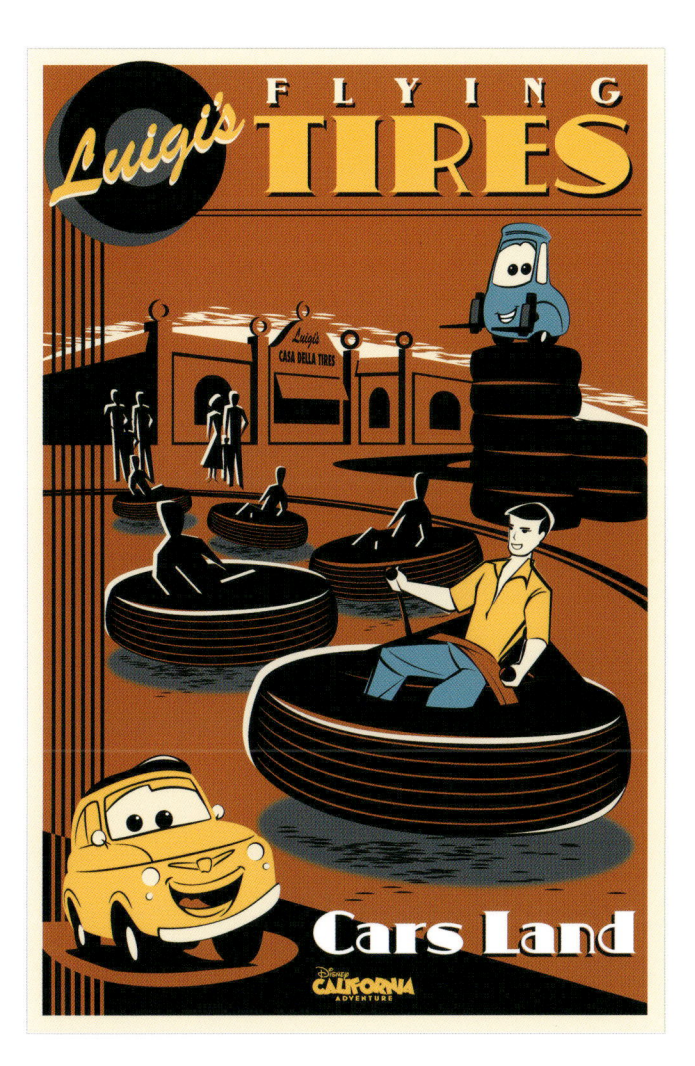

ルイジのフライング・タイヤ
ディズニー・カリフォルニア・アドベンチャー
グレッグ・マレティック（2010）

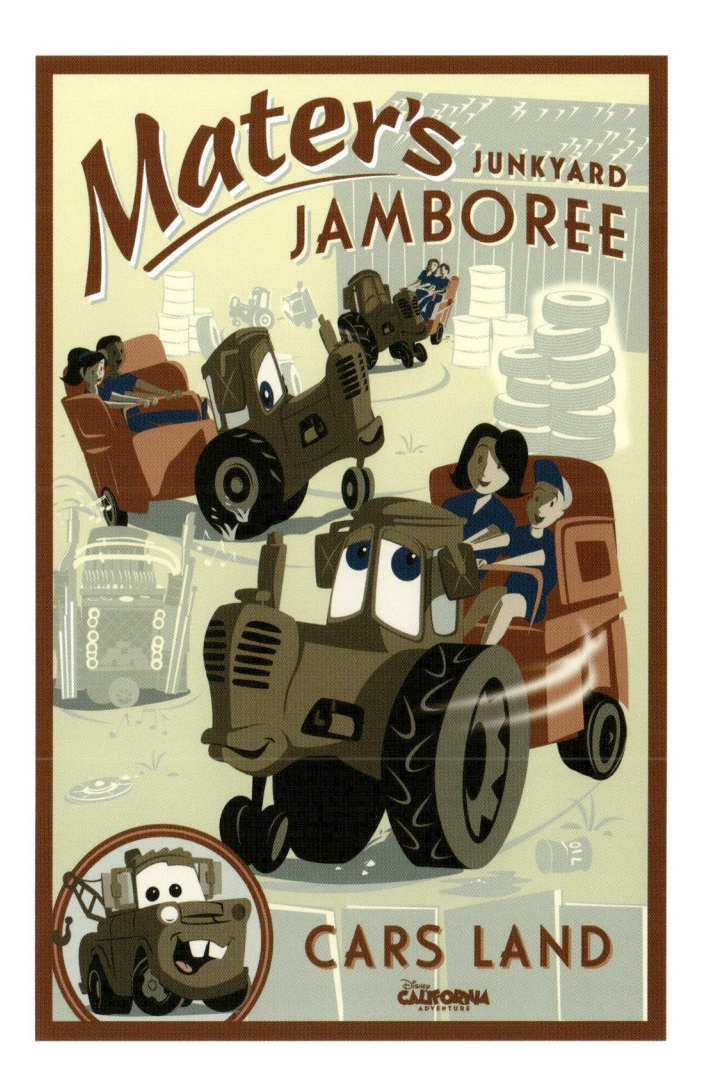

メーターのジャンクヤード・ジャンボリー
ディズニー・カリフォルニア・アドベンチャー
グレッグ・マレティック（2010）

ソアリン・オーバー・カリフォルニア
ディズニー・カリフォルニア・アドベンチャー
グレッグ・マレティック（2010）

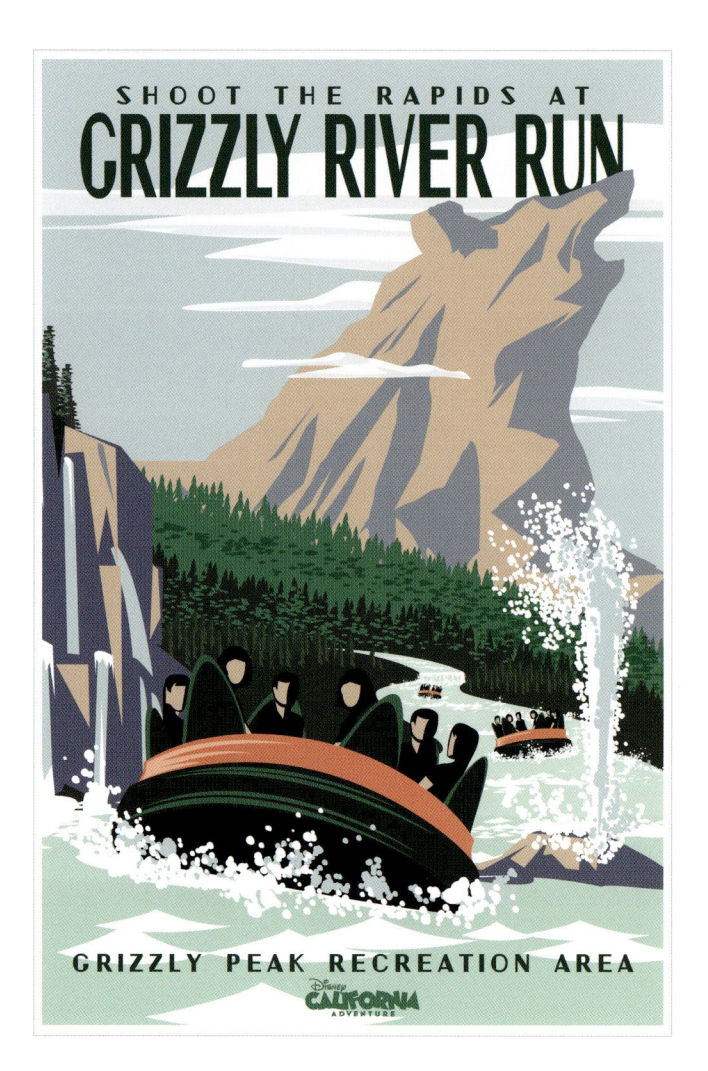

グリズリー・リバー・ラン
ディズニー・カリフォルニア・アドベンチャー
グレッグ・マレティック（2010）

リトル・マーメイド：アリエルのアンダーシー・アドベンチャー
ディズニー・カリフォルニア・アドベンチャー　グレッグ・マレティック（2010）

ミッキーのファンウィール　ディズニー・カリフォルニア・アドベンチャー　グレッグ・マレティック（2010）

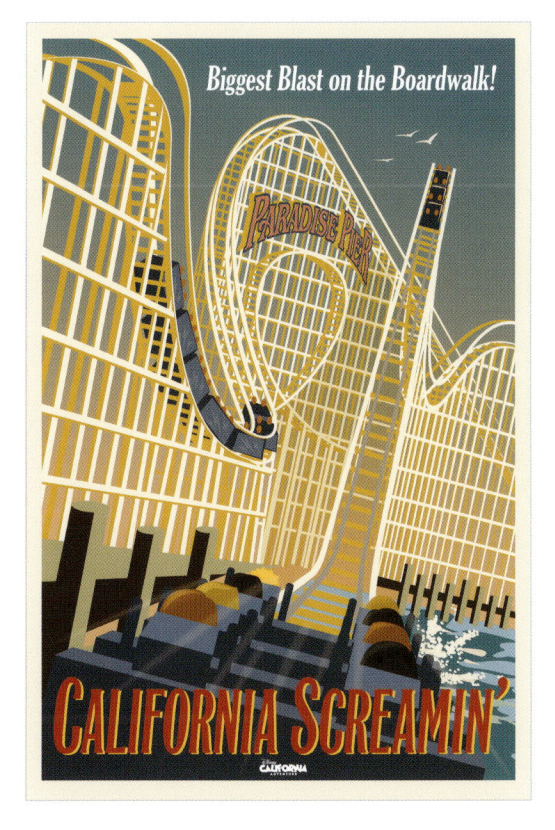

グーフィーのスカイ・スクール
ディズニー・カリフォルニア・アドベンチャー
グレッグ・マレティック（2010）

上：**シリー・シンフォニー・スイング**
ディズニー・カリフォルニア・アドベンチャー
グレッグ・マレティック（2010）

下：**カリフォルニア・スクリーミン**
ディズニー・カリフォルニア・アドベンチャー
グレッグ・マレティック（2010）

139

［インタビュー・参考文献・記事］

■インタビュー

ウィル・アイアーマン　2009年12月7日、2010年1月28日

デニス・ブラウン／マイク・ジャスコ　2010年1月26日

ニコル・アーミテージ　2010年1月28日

ラリー・ニコライ　2010年2月2日

グレッグ・ポール　2010年2月16日

ローリー・クランプ　2010年3月23日（電話インタビュー）

グレッグ・マレティック　2010年3月24日、2010年10月25日（インターネット・インタビュー）

トニー・バクスター　2010年4月6日

ティム・ディレイニー／マーティ・スクラー　2010年4月6日

ラルフ・エグルストン　2010年4月7日（インターネット・インタビュー）

ジョン・ドゥルーリー　2010年4月7日（電話インタビュー）

トニー・バクスター／ドリュー・ストゥルーザン　2010年4月19日

デビー・ロード／ルディ・ロード　2010年4月20日

エディ・ソット　2010年4月27日

ジム・マイケルソン　2010年4月30日（電話インタビュー）

レティシア・レレヴィアー　2010年5月4日

マイク・コザート　2010年11月16日

キャッシー・マンガム／ラリー・ニコライ／レイ・スペンサー　2010年11月16日

■参考文献・記事（ブログ含む）

ジョージ・F・ホーン　Posters: Designing, Making, Reproducing（デイヴィス・パブリケーションズ、1969年刊行）

イマジニア　Walt Disney Imagineering : A Behind the Dreams Look at Making the Magic Real（ハイペリオン、1997年刊行）

ジャック・ジャンセン、レオン・ジャンセン　"Silk-Screen Signage: Disneyland Ride Posters."（雑誌『The"E"Ticket』1999年春号16〜21ページ）

マイク・コザート　"Disney Park Attraction Posters : A Historical Graphic Review of These Exciting Works of Art."
　　　　　（http://www.attractionposter.blogspot.com　2010年3月22日）

D23（ディズニー公式ファンクラブ［http://d23.com/］）　"Inside DCA's World of Color."（2010年12月26日刊行）

［謝　　辞］

　まず、ジェフ・カーティに深甚なる謝意を捧げる。氏の導きがなければ、本書は決して生まれることはなかった。氏の力強い援助と、抜群のユーモアのセンスに、わたしたち2人はどれだけ励まされたかわからない。

　すばらしいイントロダクションを寄せてくれたトニー・バクスターにも深く感謝する。氏のディズニーランドへの愛と情熱は、人びとに広く伝わる。そのポスターに対する熱い思いを、尊敬してやまない。

　ウェンディ・レフコン、ジェシカ・ワード、ナンシー・インテリ、ハンナ・ブックスボーン、ジェニファー・イーストウッド、スコット・ピールほか、ディズニー・エディションズのすばらしいスタッフにも、お礼を申し上げる。みなさんのおかげで、こうしてディズニーテーマパークのポスターの物語を本にして世界中の人たちに紹介することができた。

　ウォルト・ディズニー・イマジニアリング・インフォーメーション・リソース・センターのすばらしい人たちには、格別な謝意を捧げたい。デニス・ブラウン、マイク・ジャスコ、ヴィヴィアン・プロコピオ、ダイアン・スコーリオ、チャールズ・レザーベリー、アイリーン・クタカ、デイヴ・スターン、リサ・ナカムラ各氏のおかげで、美しいポスターや写真を何枚も集めることができた。また、ジェス・アレンとドン・サバンには、写真撮影でお世話になった。みなさんのおかげで、ある日、あのアート・ライブラリーの倉庫で、カタログにも載っていないポスターが入った箱をわれわれは発見した。あの感動は、決して忘れることはない。

　以下のイマジニア、ディズニーテーマパークのスタッフ、ポスター制作者、そしてディズニーのファンの人たちにも、謝意を表する。

　ジェッド・ブローグランド、ジョン・ブレッコウ、コリン・キャンベル、スティーヴ・カーギル、ブランドン・クラーク、マイク・コザート、クリス・クランプ、ジョン・ドゥルーリー、ウィル・アイアーマン、デイヴ・フィッシャー、トム・フィッツジェラルド、グレッグ・グッジャ、パトリック・ジェンキンズ、タマラ・カラフ、ジョン・ラセター、グレンドン・リー、トリー・ラッキングウェッブ、グレッグ・マレティック、マット・マッキム、クリス・メリット、ジムとジェニーンのマイケルソン夫妻、ラリー・ニコライ、グレッグ・ポール、フランク・レイフシュナイダー、クリスタ・シェフラー、ジョシュ・シプレイ、デイヴ・スミス、ドリュー・ストゥルーザン、ロバート・ティーマン、スコット・ティレイ、ステイシー・ヨシワラ。

　みなさん、ありがとうございます。

　本書を、ここに収録した驚くべきポスターを制作したイマジニアの人たちに捧げたい。この人たちは、世界中のディズニーテーマパークを訪れる何百万人もの人たちの想像力を刺激し続けている。彼らが残した過去の偉業を称え、この伝統を未来に伝えよう！

　ダニー・ハンケは、その生活をあらゆる面で支援してくれているキャメロン・コレッティに、個人的に謝意を表する。また、家族のドン、スー、ジェフにもお礼の言葉を述べたい。最初に執筆活動を勧めてくれて、精神的に支えてくれているスコット・ヘネシーにも、お礼申し上げる。

　ヴァネッサ・ハントも、家族のラリー、パティ、デイヴィッドに感謝したい。またインタビューを含めて、この仕事を手伝ってくれたブランドン・クレイラにも謝意を表する。そして、本はいつどんな形で出るのかと尋ねてくれて、常に出版への意欲を促してくれた祖父にも、一言お礼の言葉を述べたい。

ダニー・ハンケ
ヴァネッサ・ハント

索 INDEX 引

アーティスト編

ア
アーミテージ、カレン　28
アーミテージ、ニコル　11, 17, 28, 121, 122, 124, 128, 130
アイアーマン、ウィル　25, 39, 43, 61, 63, 81, 118, 120, 121, 122, 123, 124, 125, 126, 127, 128, 129, 130, 131
アイズナー、マイケル　121
アキヤマ、ヨシ　119
アテンシオ、X　69, 86
アロンソン、ビョルン　8, 10, 16, 17, 26, 27, 30, 31, 42, 52, 53, 54, 55, 56, 57, 58, 60, 70, 74, 78, 92, 93, 94, 95, 98, 100
イノウエ、ノーム　11, 87, 115
ヴァン・デルベケン、ルー　109
ヴィナーリ、マルチェロ　89
ウィルソン、ウォーレン　17, 22
ウィルツバッハ、グレッグ　133
ヴォーン、ニーナ・レイ　40, 77
エグルストン、ラルフ　103

カ
カーギル、スティーヴ　70, 71, 76, 81
カイル、ウェスリー　55
キャンベル、コリン　48, 49, 59, 104
グージー、ダン　67
クラーク、ウェイン　20
クランプ、ローリー　8, 96
ケプラー、ギル　11, 116
コーツ、クロード　21

サ
サリヴァン、ショーン　120
シーアン、ミミ　35, 43, 44, 87, 101, 107
シェ、アイリーン　81
ジェンセン、ジョージ　28, 51
シプレイ、ジョシュ　35
ジャスコ、マイク　12
ジャスティス、ビル　76
スヴェンセン、ジュリー　28
スクラー、マーティ　7
スクリブナー、ジョージ　87
ストゥルーザン、ドリュー　31, 40, 41
ストークス、ジョージ　35, 44, 47, 83, 90
スペンサー、レイ　133
スミス、クリストファー　73, 85, 99
ソット、エディ　21, 24, 29

タ
ターナー、クリス　121, 123
タダキ、クレイグ　99
チャップマン、ケン　49, 50, 83, 93, 101, 106, 107, 108, 113

ツカコシ、マサヒロ　59
ティーツ、クリス　35, 44
デイヴィス、マーク　31, 49, 50, 62, 83
ティレイ、スコット　118
ディレイニー、ティム　7, 33, 99, 101, 109, 111, 114, 117, 119
デキュア・シニア、ジョン　51, 87
テネドーラ、フェルナンド　61
デュランド、デイヴィッド　11
ドゥルーリー、ジョン　72, 84, 97, 99
トライバ、アン　90, 117, 119
トリナスト、トレーシー　71, 76, 81, 85
ドレーク、スコット　105, 117

ナ
ニコライ、ラリー　53, 63, 65, 121, 125, 127, 133
ネグロン、デイヴィッド　87
ノヴァチェック、ポール　45, 101, 111, 119

ハ
パー、マギー　66
バーク、ジェフ　54
ハートリー、ポール　8, 21, 31, 34, 36, 37, 38, 79, 80, 95, 104
バクスター、トニー　5, 8
ハマグチ、ジョアンナ　103
ハル、ジョン　24
バルー、チャック　118, 125, 126, 131
ハンケ、ダニー　55, 71, 81
ピーターセン、ヴィンス　77
フリーア、フィリップ　128
プリゴイ、ウォルト　115
プリンゾーン、アーニー　9, 18, 19, 20, 33, 43, 109, 110
ブレア、メアリー　96
プロ、グレッグ　11, 110, 111
ベイリー、スチュアート　111
ヘブナー、リチャード　82, 98, 99
ヘンチ、ジョン　96
ボイル、ニール　17, 22
ポール、グレッグ　9, 12, 17, 25, 43, 64, 72, 84, 87
ボディ、フレッド　61
ホルツクロー、ジョシュ　111
ポロンビ、ピーター　21
ホン、アンドレア　89, 115

マ
マイケルソン、ジム　9, 17, 18, 19, 20, 29, 31, 33, 43, 46, 51, 62, 64, 82, 101, 109, 110, 119
マイヤーズ、パティ　59
マクドネル、ボブ　23
マクフィー、アンディ　126
マッキム、サム　26, 32, 38, 42, 58, 68, 102
マルティネス、エディ　62
マレティック、グレッグ　35, 72, 75, 77, 81, 87, 88, 132, 133, 134, 135, 136, 137, 138, 139
マンガム、キャシー　133

ミワ、フレッド　119
メリット、クリス　55
モリス、トム　71, 85

ヤ
ヨーク、トム　21
ヨシノ、オーウェン　110, 111

ラ
ライマン、ハーブ　25, 57
ラセター、ジョン　144
ラティガン、スザンヌ　29
ランコ、クリス　55
リー、ハン　29
ルモイン、ルイス　23, 24, 28, 85, 99
レヴィアー、レティシア　53, 54, 61, 64, 66, 70, 71, 75, 80, 86, 88, 107, 113, 114, 115
レン、スコット　11, 33, 45, 87
ロード、デビー　54, 83
ロード、ルディ　9, 17, 18, 19, 20, 25, 33, 43, 64, 94, 109, 110, 111

ワ
ワイス、ボブ　133
ワルゾッカ、マイケル　63

ポスター、アトラクション編

ア
アート・オブ・アニメーション　95
アート・コーナー　95
アクアトピア　121, 130
アストロジェット　100
新しいトゥモローランド　90
アドベンチャー・アイル　31, 44
アドベンチャー・スルー・インナースペース　91, 97
アドベンチャーランド・パビリオン　42
アニメーション・アカデミー　17, 23
アメリカ・ザ・ビューティフル　112, 113
アメリカン・ジャーニー　113
アリスのティーパーティー　73
イッツ・ア・スモールワールド　12, 69, 80, 81
イッツ・タフ・トゥ・ビー・ア・バグ！　11
インディ・ジョーンズ®・アドベンチャー　31, 40, 41, 121, 128
インディアン・ウォー・カヌー　53
ウエスタンリバー鉄道　43
ウォルト・ディズニー・ワールド鉄道　20
ウォルト・ディズニー・ワールド・モノレール・システム　14, 15, 104
駅馬車、鉱山列車、ラバ乗り体験　53, 56
エターナル・シー　115
オートピア　4, 91, 98, 99
オービトロン　91, 101
おとぎの国のカナルボート　5, 78

142

カ

海底2万マイル　13, 82, 91, 92, 121, 123
カウボーイ・クックアウト・バーベキュー　53, 61
カサ・デ・フリトス　53, 58, 60
カリフォルニア・スクリーミン　139
カリブの海賊　31, 46, 47, 48, 49
カルーセル　74
カルーセル・オブ・プログレス　91, 106, 107
カントリーベア・シアター　53, 63
カントリーベア・ジャンボリー　9, 53, 62
ギブソン・ガール・アイスクリームパーラー　17, 29
キャッスルカルーセル　88
キャンディ・パレス　26
グーフィーのスカイ・スクール　133, 139
グランドキャニオン・ジオラマ　21
グランドサーキット・レースウェイ　99
グランプリ・レースウェイ　98, 99
クリスタルパレス　28
クリスタルパレス・レストラン　31, 43
グリズリー・リバー・ラン　133, 136
ケーシーズ・コーナー　17, 29
ゴールデンホースシュー・レビュー　53, 58, 59

サ

サブマリン・ヴォヤッジ　102
サンタフェ＆ディズニーランド鉄道　16, 17
ジャスミンのフライングカーペット　126
ジャングル・リバー・クルーズ　31, 33
ジャングルクルーズ　4, 30, 31, 32, 33
蒸気船マークトウェイン号　49, 53, 54
ショーベース2000　119
白雪姫と七人のこびと　71
シリー・シンフォニー・スイング　139
シンデレラ城ミステリーツアー　69, 84
シンドバッド・ストーリーブック・ヴォヤッジ　121, 125
シンドバッド・セブンヴォヤッジ　121, 125
スイスファミリー・ツリーハウス　31, 34, 35
スカイウェイ　94
スター・ツアーズ　12, 91, 116, 117
スター・ツアーズ：ザ・アドベンチャー・コンティニュー　117
スタージェット　101
スターライナー・ダイナー　119
スティッチ・エンカウンター　91, 119
ストームライダー　121, 130
スプラッシュ・マウンテン　53, 65
スペース・ステーション X-1　8, 91, 93
スペース・マウンテン　91, 110, 111
スペース・マウンテン：ミッション2　111
スペース・マウンテン――月世界旅行　91, 111
スペースシップ・アース　11, 12
センター・オブ・ジ・アース　121, 123
ソアリン・オーバー・カリフォルニア　136

タ

ターザン・ツリーハウス　35
タートル・トーク　131
太古の世界　21
ダイナソー　11
（ザ・）ダイヤモンドホースシュー　59
ダイヤモンドホースシュー・レビュー　59
タヒチアンテラス　42
タヒチアンテラス・レストラン　45
WEDウェイ・ピープルムーバー　109
タワー・オブ・テラー　120
ダンボ（空飛ぶダンボ）　74, 75
チキン・プランテーション　58
ディズニー・ストーリーブック・シアター　87
ディズニーランド　144
ディズニーランド・ホテル　10
ディズニーランド鉄道　8, 19, 20, 144
ディズニーランド鉄道アメリカ建国200周年記念号　17, 18
ディズニーランド・モノレール　91, 104
ディズニーランド・モノレール・マークVII　91, 105
デイビー・クロケットのカヌー探検　53
トイ・ストーリー・マニア！　131
トゥーンタウン　69, 89
トード氏のワイルドライド　71
トムソーヤ島　8, 53, 55
トムソーヤ島のパイレーツの隠れ家　55
トロピカル・セレナーデ　37, 38
トワイライトゾーン・タワー・オブ・テラー　11, 133

ナ

ネイチャーズ・ワンダーランド　57
眠れる森の美女の城　4, 85

ハ

バズ・ライトイヤーのアストロブラスター　91, 118
パビリオン　26
帆船コロンビア号　54
ピーターパン空の旅　4, 5, 12, 69, 70
ピープルムーバー　108
ピープルムーバー――スーパースピード・トンネル　109
ピープルムーバー――トロン　109
ビジョナリアム　114
ビッグサンダー・マウンテン　53, 64
ビデオポリス　91, 119
ピノキオの冒険旅行　69, 76
ファインディング・ニモ・サブマリン・ヴォヤッジ　91, 103
ファンタジー・ガーデン　88
ファントム・マナー　53, 66, 67
プーさんのハニーハント　77
プーさんの冒険　77
フェスティバル・オブ・ザ・ライオン・キング　45
不思議の国のアリス　68
フライト・トゥ・ザ・ムーン　93
フライング・ソーサー　96
プラザ・イン　17, 28
プラザ・パビリオン　42
フロンティアランド　52
ホール・オブ・プレジデンツ　9, 49, 51
ホーンテッドマンション　8, 49, 50, 51, 69, 83
ホライズン　11
ポルト・パラディーゾ・ウォーターカーニバル　121, 122
香港ディズニーランド鉄道　20

マ

マーメイドラグーンシアター　121, 124
マイク・フィンク・キールボート　53
マジック・ジャーニー　87, 115
マジックカーペット世界一周　114
マジックランプシアター　121, 127
マッターホーン・ボブスレー　4, 69, 79, 144
マッド・ティーパーティー　72, 74
マッド・ハッターのティーカップ　72
ミート・ザ・ワールド　107
ミクロアドベンチャー！　115
ミッキーのファンウィール　138
ミッキーのフィルハーマジック　87
ミッキーマウス・クラブ・シアター　86
ミッキーマウス・レビュー　9, 69, 86, 87
ミッション：スペース　11
魅惑のチキルーム　8, 31, 36, 38, 42
魅惑のチキルーム："ゲット・ザ・フィーバー！"　39
魅惑のチキルーム：スティッチ・プレゼンツ"アロハ・エ・コモ・マイ！"　39
メインストリート・オペラハウス　17
メインストリート・ビークル　24
メインストリート・リムジン　17, 24
メーターのジャンクヤード・ジャンボリー　133, 135
モリーブラウン号　54
モンスターズ・インク"ライド＆ゴーシーク！"　91, 118

ラ

ラジエーター・スプリングス・レーサー　133, 134
ラッキーナゲット・サルーン　53, 61
リトル・マーメイド：アリエルのアンダーシー・アドベンチャー　137
リフレッシュメントコーナー　26
"リメンバー：ドリーム・カム・トゥルー"ファイヤーワークス・スペクタキュラー　85
リンカーン大統領とともに　17, 22, 23
ルイジのフライング・タイヤ　133, 135
レイジングスピリッツ　129
レインボー・キャヴァンズ　57
レジェンド・オブ・ミシカ　121, 122
レッド・ワゴン・イン　26, 27
レッドカー・トロリー　132
ロイヤル・バンケットホール　88
ロケット・トゥ・ザ・ムーン　4, 8, 91, 93, 144
ロケットジェット　101

ワ

ワールドバザール　9, 17, 25
ワンダーズ・オブ・チャイナ　114

「子供の頃、ディズニーランドのポスターから、とても大きな影響を受けた。ポスターのないディズニーランドなんて、考えられない。ポスターを見ながら、パークの入り口を抜けて、ディズニーランド鉄道のガード下のトンネルをくぐり、メインストリートUSAを進んでいった。とてもわくわくした。乗り物に乗るのが待ちきれなかった」

「大人になると、ポスターのデザインの美しさに気づいた。トゥモローランドの『ロケット・トゥ・ザ・ムーン』、フロンティアランドの『ディズニーランド鉄道』、ファンタジーランドの『マッターホーン・ボブスレー』。ポスターはそれぞれ大きく異なる。しかし、どれもそこに描かれているアトラクションとテーマランドにふさわしいグラフィック・アートになっている」
——ジョン・ラセター（ウォルト・ディズニー・スタジオ、ピクサー・アニメーション・スタジオ両社のチーフ・クリエイティブ・オフィサー兼ウォルト・ディズニー・イマジニアリング、プリンシパル・クリエイティブ・アドバイザー）

ディズニーランド（コンセプト・スケッチ） ディズニーランド 作者不詳（1955）